votre avenir par les cartes

- Maquette de la couverture:
  JACQUES DES ROSIERS

- Maquette et mise en pages:
  LÉO CÔTÉ

- Photo de la couverture:
  PAUL GÉLINAS

DISTRIBUTEURS EXCLUSIFS:

- Pour le Canada et les États-Unis:
  LES MESSAGERIES ADP*
  955, rue Amherst, Montréal H2L 3K4
  Tél.: (514) 523-1182
  Télécopieur: (514) 939-0406
  * Filiale de Sogides Ltée

- Pour la Belgique et le Luxembourg:
  PRESSES DE BELGIQUE S.A.
  Boulevard de l'Europe, 117
  B-1301 Wavre
  Tél.: (10) 41-59-66
        (10) 41-78-50
  Télécopieur: (10) 41-20-24

- Pour la Suisse:
  TRANSAT S.A.
  Route des Jeunes, 4 Ter
  C.P. 125
  1211 Genève 26
  Tél.: (41-22) 342-77-40
  Télécopieur: (41-22) 343-46-46

- Pour la France et les autres pays:
  INTER FORUM
  Immeuble ORSUD, 3-5, avenue Galliéni, 94251 Gentilly Cédex
  Tél.: (1) 47.40.66.07
  Télécopieur: (1) 47.40.63.66
  Commandes: Tél.: (16) 38.32.71.00
                 Télécopieur: (16) 38.32.71.28
                 Télex: 780372

Louis Stanké

votre avenir par les cartes

LES ÉDITIONS DE L'HOMME *

CANADA: 955, rue Amherst, Montréal H2L 3K4

*Division de Sogides Ltée

SOMMAIRE

AVANT-PROPOS

A l'origine, il descendit des arbres et s'habitua à vivre sur le sol; il apprit à marcher sur ses pattes postérieures, libérant ses mains et se transformant peu à peu, génération après génération, en «animal vertical». Son alimentation aussi s'était transformée, le végétarien s'était fait carnivore, il lui fallait chasser et entrer en compétition avec des prédateurs mieux armés que lui: il affûta des épieux et les fit durcir sur la flamme, il tailla des pierres de silex, il aiguisa des os. Il savait à présent fabriquer des armes et des outils; il savait aussi cultiver la terre, le nomade se fixait, il domestiquait quelques races d'animaux, il exprimait l'éveil de sa conscience sur les parois des cavernes ... Et quand l'homme se vit si fragile, si vulnérable au sein d'une nature hostile, lorsqu'il comprit qu'il était à la merci de l'Imprévisible, il eut peur. Mais ce n'était plus la peur instinctive et animale devant l'agression soudaine, une peur qu'il pouvait conjurer sur-le-champ par la fuite ou le combat; ce n'était plus tout à fait la sonnerie d'alarme de son instinct de conservation. L'homme portait sa peur au fond de lui, elle faisait partie intégrante de sa condition, il devait la vivre au jour le jour; il connaissait l'angoisse parce qu'il prenait conscience du temps.

Que lui réservait le lendemain? Il savait que sa survie était étroitement liée à des phénomènes naturels dont il ignorait les causes, à des facteurs le plus souvent incontrôlables, menaces suspendues sur lui sans qu'il puisse prévoir le moment où le désastre viendrait mettre fin à son incertitude. L'abondance du gibier, une période de pluie ou de sécheresse se posaient à lui comme une question de vie ou de mort. Pour vaincre son angoisse, il lui fallait percer le mystère de son destin; pour conjurer le sort, il lui fallait risquer un oeil par-dessus le mur du temps. La parole était aux devins. L'homme entrait de plain-pied dans l'ère des prophéties... et il n'en est jamais tout à fait sorti.

De l'initié suivant dans le ciel la marche des saisons à l'astronome moderne, en passant par le grand prêtre prédisant les crues du Nil ou les éclipses, il n'y a qu'une différence de degré. La science et les arts divinatoires ont fleuri sur le même arbre. Il était pour ainsi dire vital de se rassurer et de savoir. Une éclipse de soleil pouvait bien jeter la panique; mais l'important restait quand même la victoire finale du soleil dans sa lutte contre le mal. Et, s'il le fallait, l'homme donnait un coup de main à la nature: incantations, sacrifices rituels ou danses devaient assurer l'immuabilité des lois de l'univers.

Environ deux mille ans avant notre ère, la somme des connaissances occultes était entre les mains d'une caste de prêtres passés maîtres dans l'art de prévoir l'avenir. Ils le lisaient dans les entrailles d'animaux sacrifiés, analysaient le vol des oiseaux, interprétaient les mouvements du feu et de la fumée, écoutaient parler le destin dans le murmure des sources ou le devinaient dans la forme des plantes. On guettait la naissance de monstres animaux ou humains, événements de mauvais augure. On interprétait fort habilement les rêves, et les signes atmosphériques — les nuages, la pluie, le vent, la foudre — constituaient autant de présages. Tout était prétexte à déchiffrer l'Inconnu.

* * *

Si la plupart des techniques divinatoires sont aujourd'hui tombées en désuétude, quelques «mancies» ont cependant survécu et se portent encore fort bien. Les astrologues contemporains perpétuent les connaissances et l'art des prêtres chaldéens; les chiromanciens lisent l'avenir dans les lignes de la main comme on le faisait déjà aux époques les plus reculées. Les gitanes ont perdu l'exclusivité de la divination, elles ne sont plus seules à savoir dire la «bonne aventure»: les grands secrets courent les rues. L'art de tirer les cartes, particulièrement, semble n'avoir rien perdu de son attrait auprès de l'homme moderne. Les techniques en sont maintenant mises à la portée de tous; chacun peut à présent y aller de sa petite séance de divination. Un jeu de cartes ordinaire, quelques personnes de bonne

volonté confortablement installées autour d'une ta-
ble, une pénombre propice, la lueur dansante de
bougies portant des ombres géantes sur les murs, le
silence de la nuit . . . les cartes peuvent alors parler.
Il faut bien se rendre compte, toutefois, que la signi-
fication et la portée du tirage des cartes se sont
passablement modifiées, depuis l'époque où l'on
écoutait en tremblant les arrêts que prononçaient des
cartes maniées par quelque inquiétant personnage
trônant entre un chat noir et un hibou empaillé. Le
rationalisme et l'évolution de la pensée scientifique
ont porté de durs coups à la crédulité des masses.
Ce qui passait autrefois — et souvent à juste titre
— pour un art magique et à peu près infaillible s'est
transformé en une sorte de jeu de société. On fait
semblant de croire pour s'amuser un peu, mais au
fond on aimerait bien que tout fût vrai. On le
souhaite et le craint à la fois, inconsciemment. Car
les vieilles épouvantes des ancêtres constamment
menacés par les horreurs noires de la nuit ne sont
pas mortes en nous. On joue le jeu (ou, du moins,
on imagine que ce n'est qu'un jeu) mais au plus pro-
fond de soi quelque chose s'agite; on hésite sur une
frontière indiscernable, oscillant entre le rassurant
et morne quotidien et l'éblouissant Mystère, le ter-
rible Mystère qu'on pressent tout en continuant de
le nier. D'ailleurs, qui sait? Parfois les effets dé-
passent de beaucoup les intentions. Vous vous réu-
nissez à la veillée, vous créez l'ambiance propice,
vous êtes tous assis autour de la table et les cartes

12

tombent, vous ressentez les agréables picotements d'une stimulante panique — une sorte d'horreur sacrée que vous croyiez impossible mais qui remonte du fond des âges et stagne un moment à la surface de votre âme: oui, vous sentez que vous allez bien vous amuser. Mais il arrive parfois que l'inattendu (ce que vous n'osiez lucidement souhaiter) se produise. On ne sait jamais. Si vous jouez avec le feu, il ne faut pas vous étonner que vous vous brûliez de temps en temps. C'est pourquoi certaines soirées commenceront de façon très anodine, vous serez réunis au creux de la nuit et vous n'aurez pas peur et vous jouerez à tirer les cartes sans trop y croire... Mais brusquement les rires se figeront sur les visages, on sentira un grand frisson ténébreux passer sur l'assemblée, quelque chose se sera produit. Vous vous rendrez compte, tout à coup, que vous avez joué avec des forces incommensurables, que le Grand Inconnu est sur vous et que rien ne saurait plus être comme avant. Et pourtant rien n'aura vraiment changé: la pénombre, les lueurs et les ombres mouvantes sur les murs, la tiédeur de cette nuit, les visages familiers autour de cette table, les cartes que vous venez de disposer devant vous selon les règles . . . oui, tout est bien pareil. Mais il y a quand même quelque chose de plus. C'est qu'à force de taquiner l'Inconnu, on risque fort que l'Inconnu ne s'entrouvre et ne nous aspire. Des pouvoirs endormis au fond des âmes se réveillent. Vous avez tripoté le destin et, sans vous en apercevoir, vous

avez déclenché des forces que vous ne pouviez même pas imaginer et qui subitement vous dominent. Car qui peut dire s'il n'a pas, dans ses profondeurs, des dons psychiques qui n'attendent que le moment où l'on voudra bien les solliciter? Vous tirez les cartes pour amuser vos amis, et vous vous rendez compte que vous lisez malgré vous entre les lignes, que les cartes ne vous servent plus qu'à catalyser ce flot d'images et de mots qui bouillonne inopinément dans une tête qui ne vous appartient plus tout à fait . . . Pour savoir, il suffit d'essayer; ce n'est souvent qu'une question d'aptitudes ou, plus simplement, de courage. Le livre que vous lisez en ce moment recèle entre ses pages les clés du Grand Inconnu; à vous de savoir les utiliser. Il vous apprendra les techniques du tirage des cartes, il vous livrera les vieux symboles (patiemment glanés dans d'antiques grimoires) à partir desquels vous pourrez, selon le cas, jouer au devin pour rire ou, peut-être, à cet autre Jeu auquel vous n'osez pas trop croire.
Quand on parle dans les ténèbres, il vaut peut-être mieux ne pas savoir qui répondra . . .

G . L .

INTRODUCTION

Origine des cartes

L'origine des cartes à jouer reste encore incertaine. Il semble peu probable qu'elles soient originaires d'Europe. Elles y auraient vraisemblablement été introduites par les croisés, à leur retour de Palestine, ou par les Maures, lorsqu'ils envahirent l'Espagne au VIIIe siècle.

Plus tard, elles firent leur apparition en Chine et en Inde. Déjà en 1279, les cartes à jouer étaient en usage en Italie, et elles se répandirent rapidement dans tout l'Occident.

Aux archives de Viterbe, une chronique datant de 1379 atteste que, cette année-là, les cartes à jouer furent introduites dans cette ville par les Sarrasins, sous le nom de «naib».

Il est fort probable que les commerçants lombards et les marchands vénitiens furent pour quelque chose dans la diffusion des cartes à jouer dans les pays d'Europe. Certains supposent que Marco

Polo les a rapportées de Chine dans ses bagages. Pourtant, il existe un jeu pour enfants, d'origine italienne, composé d'images appelées «carticelle»: ce sont des figures destinées à les amuser tout en les instruisant.

Il est donc à peu près impossible de déterminer clairement l'origine des cartes à jouer. Pour nous, elle demeure une énigme, avec tout son charme et ses mystères.

Fabrication

Aux XIVe et XVe siècles, des enlumineurs dessinaient les figures des cartes à jouer sur des feuilles de parchemin. Ces cartes, généralement réser-

4 valets espagnols (1800).

vées aux seigneurs et aux bourgeois, coûtaient excessivement cher. Il va sans dire que les gens du peuple dessinaient eux-mêmes leurs propres cartes à jouer.

De nos jours, on retrouve encore de ces grossières cartes de cuir jadis utilisées par les soldats. Les collectionneurs d'estampes recherchent vivement ces anciens jeux de cartes. A travers eux, on peut suivre l'évolution des procédés de fabrication qui furent successivement utilisés.

La miniature revenant trop cher, on adopte la xylographie. Les collectionneurs peuvent admirer une carte de grande valeur et de dimensions respectables (19 x 19 cm) témoin de cette époque. Elle est conservée au musée de Brassano (Vénétie) et

représente le «Chevalier à l'Epée». Elle date de la fin du XIVe siècle.

Pour donner aux cartes une plus grande solidité, on en vint, par la suite, à coller l'une sur l'autre plusieurs feuilles de papier. Puis, devant l'accroissement de la demande pour les cartes à jouer, on créa les pochoirs; on put ainsi répéter plusieurs fois un même motif et, du même coup, réduire les frais de fabrication.

C'est vers 1450 que les tablettes en bois firent leur apparition pour le procédé de la xylographie. On utilisa par la suite la typographie. Jusque vers 1945, les cartes à jouer étaient fabriquées sur du papier spécial, filigrané, et vendu fort cher par

4 reines d'un jeu français (1750).

l'Etat français. Depuis 1945, la fabrication en est libre.

De nos jours, on utilise du carton qui, généralement, est fabriqué avec une pâte de chiffon pour plus de solidité. Les cartes sont imprimées sur des rotatives «Offset» à plusieurs couleurs (4), qui assurent un grand rendement et une impression impeccable.

Dans la plupart des pays, la commercialisation des cartes à jouer est grevée de fortes taxes; mais cela ne semble gêner ni les imprimeurs, ni les joueurs.

Roi de trèfle d'un ancien jeu apache.

Petite "Biographie" des cartes

Au cours de leur existence, les cartes ont subi parfois de grandes modifications. Il y en a déjà eu des carrées, des plus étroites que les actuelles, et même des rondes.

Les figures que l'on connaît aujourd'hui — carreau, cœur, pique et trèfle — ont été inventées par les Français. Les premières cartes françaises étaient élégantes, rieuses et pleines de charme. Les cartes allemandes étaient graves, joyeuses et vivement colorées; elles représentaient des glands, des cloches, des cœurs et des feuilles. En Angleterre, illustrées de personnages sévères, elles avaient un petit air shakespearien. Le tempérament sombre et fier des Espagnols, de son côté, avait donné naissance à des cartes marquées d'épées, de bâtons et de pièces de monnaie.

Ainsi en Allemagne, on retrouve
Herz pour cœurs

Karos (diamants) pour carreaux
Piks (épées) pour piques
Treff (bâtons) pour trèfles

En Espagne
Copas (coups) pour cœurs
Oros (or) pour carreaux
Espadas (épées) pour piques
Bastas (bâtons) pour trèfles

En Angleterre, les influences ont été diverses et curieuses: les coeurs subsistent, les carreaux redeviennent diamants, les piques (spades) tirent leur nom de l'espagnol, les trèfles (clubs) sont des bâtons.

Les honneurs (As, Roi, Reine, Valet).

Si le terme As provient du latin As (un sou), les personnages représentés par les cartes ont, selon les lieux et les époques, passablement subi des transformations. Cependant il existe une tradition, qui est celle-ci:

Les Rois

Pique	**David**
Cœur	**Charlemagne**
Carreau	**Jules César**
Trèfle	**Alexandre**

Les Reines

Pique	**Judith**
Cœur	**Pallas**

Carreau	Rachel
Trèfle	Argine ou Lucrèce

Les Valets (autrefois, chevaliers)

Pique	Ogier
Cœur	La Hire
Carreau	Lancelot
Trèfle	Hector

L'AVENIR PAR
LES CARTES

L'exploration du temps et du destin par les cartes — ou cartomancie — fut le procédé de divination le plus pratiqué chez les Anciens. Il est encore beaucoup utilisé aujourd'hui, où il s'avère plus important que la chiromancie (lecture dans les lignes de la main) ou que l'astrologie (prédictions d'après les astres).

Déjà, dans la Bible, on faisait mention d'interprètes de songes et de magiciens. Leur art — qui entra d'ailleurs en compétition avec celui de Moïse chez le pharaon — leur conférait, aux yeux du peuple, un prestige immense.

Dans l'ancienne Egypte, les prêtres jouaient les premiers rôles dans l'organisation de l'état. Ils représentaient les dieux, le roi et la nation. De plus, ils étaient des savants, des juges, des médecins, des astrologues et des prophètes.

Sept était le chiffre sacré de ces prêtres; leurs cartes étaient donc basées sur ce chiffre.

Au cours des temps, les cartes furent illustrées de multiples façons. Très souvent elles ont reflété l'esprit d'un peuple et d'une époque. En voici quelques exemples:

Sous François 1er, les cartes étaient «chevaleresques».

Sous Henri III, elles avaient un style «antique».

Nous les retrouvons «chasseresses» à l'époque de Charles IV.

L'époque de Louis XIV nous les présente «aimables», puis elles deviennent «philosophiques» sous la Révolution.

De plus, quatre catégories de cartes signifient les différents ordres de la noblesse:

Cœur: ordre ecclésiastique.
Carreau: les bourgeois (marchands et artisans).
Trèfle: les paysans.
Pique: la noblesse militaire, les guerriers.

Les quatre séries de treize cartes ont elles aussi, des signes très distinctifs. En France ce sont les cœurs, trèfles, piques, carreaux, symboles qui furent repris plus tard dans tous les pays occidentaux; mais le nom des couleurs dans différents pays témoigne d'une grande pluralité d'origine.

Lors des temps agités par les guerres sarrasines, beaucoup de choses ont disparu; les cartes aussi. Plus tard, vers le XIVe siècle, on les retrouva au sud de la France, dans cette région où de nombreux ports permettent de multiples contacts avec les pays orientaux, tels que l'Egypte. Mais, même en France, on utilisait les cartes uniquement pour prédire l'avenir. On n'imaginait pas que l'on pût les utiliser pour jouer.

C'étaient les Juifs qui s'occupaient le plus de tirer les cartes.

*Cartes d'un jeu de tarots français (XIXe siècle).**

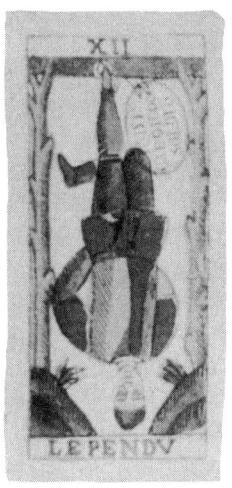  

Ils avaient acquis leur savoir d'Egypte, où ils étaient très nombreux.

Le mot «Tarot» est d'origine arabe. Il demeure le jeu de cartes le plus authentique pour l'interprétation divinatoire. Il comporte 78 cartes appelées arcanes, qui sont illustrées de figures allégoriques, symboles alchimiques qui pouvaient, assure-t-on, révéler à qui saurait les interpréter, les fabuleux secrets du Grand Oeuvre. En Italie, les cartes divinatoires étaient appelées «Naibi» et en Espagne, «Naypes»; elles sont également d'origine arabe.

Ainsi, en Europe, les cartes étaient rares. Leurs illustrations étaient de facture assez grossière et peu nombreux étaient les artistes qui les dessinaient. En 1390, un peintre parisien, du nom de Grigonneur,

*

obtînt du roi Charles VI de France une commande de 78 cartes de Tarot. Grigonneur passa trois ans à les peindre. Cette collection se trouve aujourd'hui à la Bibliothèque de Paris; c'est la plus vieille qui soit conservée en Europe. Les illustrations sont tirées de la Bible, et les quatre rois s'appelaient: David, Pharaon, Salomon et Saül.

La divination par les cartes variait d'un pays à l'autre, comme nous le verrons dans les pages qui suivent.

*

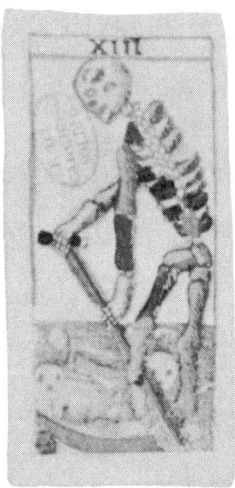

AVERTISSEMENT

On ne s'improvise pas devin, chiromancien ou astrologue. La lecture des cartes se révèle, par contre, d'un abord plus facile si l'on veut bien se conformer aux conseils qui suivent — lieux, dates et circonstances doivent être pris en considération pour une séance, selon que l'on désire mettre de son côté les mauvaises ou les bonnes grâces du Destin.

S'il n'est pas nécessaire d'être une gitane pour tirer les cartes, il est cependant admis que les femmes réussissent mieux à déchiffrer l'avenir, comme si elles parvenaient à lire entre les lignes en quelque sorte. Les esprits simples ou, plus exactement, les êtres doués d'une simplicité naturelle semblent également plus perceptifs. L'âge, la nationalité, la religion ne constituent pas, enfin, des facteurs dont il faille tenir compte.

OÙ TIRER LES CARTES

Je vous suggère une pièce dont le parquet est

recouvert d'un épais tapis. Au besoin, ajoutez çà et là quelques peaux de bêtes ou d'autres tapis moelleux.

Il faut que les bruits soient étouffés au maximum et que règne la plus grande discrétion.

Avez-vous déjà eu l'occasion de remarquer comme le moindre craquement produit un effet terrifiant dans une pièce où règne le silence?

C'est ce but que vous devez viser en annonçant ce qui doit être dit.

Supprimez tous les éclairages violents. Tenez-vous en à un éclairage indirect, faible, qui agrandit les ombres. Ou, mieux encore, disséminez quelques chandelles sur les différents meubles de la pièce.

QUAND TIRER LES CARTES

Apportez une attention toute particulière au moment choisi pour votre séance de «lecture de l'avenir par les cartes».

Le soir, la nuit, même, sont les moments les plus propices. Ceux qui vous fourniront le plus grand suspense.

Faire naître un peu d'angoisse parmi vos invités ne peut que contribuer à créer l'atmosphère idéale...

Si la nuit est très noire, je vous suggère de laisser les rideaux ouverts.

L'été, à la campagne surtout, n'hésitez pas à ouvrir les fenêtres. Un bruissement de feuillage, un froissement d'ailes, un ululement dans le lointain seront vos associés pour le climat de mystère que vous désirez créer.

Par contre, si la nuit n'est pas favorable, trop claire, froide ou trop agitée, alors fermez tout. Fenêtres et rideaux. Vos tentures seront lourdes, autant que possible.

En principe, les séances ne devront jamais avoir lieu avant midi, jamais le dimanche et en aucun cas le Vendredi saint.

Pour ceux qui pratiquent la cartomancie, il est généralement conseillé de ne pas consulter les cartes trop fréquemment. Certains disent qu'elles ne devraient pas être consultées plus d'une fois par semaine; d'autres suggèrent de s'en servir assez souvent: mais il ne doit pas y avoir plus d'une consultation par jour. De plus, elle ne doit pas dépasser deux heures au maximum.

On considère généralement qu'il n'est pas chanceux de consulter les cartes seul. Deux personnes sont requises.

Il est extrêmement important, après avoir battu et mêlé les cartes, de toujours couper le paquet de la main gauche, celle du cœur.

LES CIRCONSTANCES

Le moment est venu de faire entrer vos invités dans la pièce où se déroulera la séance.

Faites-les tous asseoir autour de la grande table, sur laquelle vous n'aurez pas oublié d'étendre le lourd tapis de toile, bordé de longues franges.

Après le brouhaha des chaises et des pieds, vous serez surpris de voir comme le silence revient vite, complet, presque palpable. Demandez à ceux qui seront consultés d'éviter de fumer, de parler le moins possible et surtout de ne pas poser de questions avant la fin de la séance.

Vous êtes le maître de cérémonie. Mieux! Le maître de la situation.

Vous commencez à battre les cartes, tout en expliquant à vos amis le but de cette soirée-surprise.

Vous les invitez à se faire tirer les cartes, les uns après les autres. Certains refuseront. Ils sont sceptiques. Mais ils resteront quand même autour de la table, curieux, pour assister à la séance. Et quand ils entendront tout ce que vous «lisez», grâce aux cartes, sur la vie des consultants, il est fort probable qu'ils seront tentés à leur tour et qu'ils se décideront.

Il est bien certain que ce n'est pas du jour au lendemain que vous maîtriserez l'art de tirer les cartes. Il vous faudra un certain temps avant d'être en mesure d'organiser une telle soirée. D'autant plus que vous vous trouverez toujours en présence d'incrédules.

Alors commencez par lire cet ouvrage, tranquillement, du début jusqu'à la fin. Ensuite procurez-vous un jeu de cartes, et demandez à un ami de venir passer une soirée avec vous.

Vous serez surpris, et votre ami tout autant que vous, de ce que vous découvrirez sur son passé, son présent, et de ce que vous lirez sur son avenir.

Plusieurs séances du même genre, au cours desquelles vous augmenterez le nombre de vos consultants en même temps que votre savoir, et vous deviendrez en quelques semaines expert dans l'art de lire l'avenir par les cartes.

Vous n'hésiterez plus dans votre lecture, ne vous étonnerez plus de rien et serez prêt à organiser une bonne soirée.

Procédez alors comme décrit plus haut.

Parmi vos invités, veillez à avoir des personnes que vous ne connaissez pas du tout, que vous n'avez jamais rencontrées. Vos consultants seront encore bien plus surpris, mais, surtout, ils auront confiance en vous.

LE CHOIX DES CARTES

Pour vos débuts, vous pouvez vous contenter d'un jeu ordinaire, de 52 cartes. Vous aurez automatiquement les deux jeux complets, soit de 52 et de 32 cartes.

Par la suite, lorsque vous serez passé maître dans l'art de tirer les cartes, montrez-vous plus exigeant. Ayez deux jeux, un jeu de 32 cartes et un de 52 cartes. Choisissez des cartes de belle qualité. Vous serez d'autant plus fier de votre art que vos cartes seront belles. Vos consultants vous écouteront davantage aussi, si vous en imposez par la qualité et la beauté de votre «outil de travail». Par la suite, vous vous devez de posséder votre jeu personnel.

La séance peut commencer . . .

I

SIGNIFICATION
DES 32 CARTES

En général, les cartes rouges, c'est-à-dire les cœurs et les carreaux, sont chanceuses. Leurs personnages signifient des personnes blondes, rousses ou châtaines. Les cartes noires, soit les trèfles et les piques, apportent par contre la malchance. Les personnes sont alors brunes ou noires.

Le roi représente une personne âgée; le valet, une personne jeune. La dame symbolise, selon les règles, une femme mariée. Enfin, le sept et le huit désignent une jeune fille. Ces dernières, cependant, n'ont pas toujours la même signification, qui peut, dans certaines circonstances et surtout en carreau, changer totalement.

Les huit cartes
de coeur

As —

C'est toujours la meilleure carte. Pour les amoureux, il signifie la réussite de leurs vœux et un heureux mariage. Exprimant aussi la tranquillité, la
joie et la satisfaction, il atténue la portée des mauvaises cartes lorsqu'il se trouve parmi elles.

Roi —

Image d'un homme robuste qui nous montre de la
bienveillance. D'après les cartes qui l'entourent, on
voit jusqu'à quel point il peut nous être utile. Si,
par contre, en tirant les cartes, le roi de cœur tombe
renversé, ses bonnes intentions s'en verront empê-
chées.

Dame —

Amène un personnage juste et bienveillant qui peut
nous offrir un poste intéressant. Si elle se trouve

renversée devant une autre carte, vos propres erreurs contreront ses efforts et ses bonnes intentions.

Valet —

Le valet de cœur marque l'amant de la jeunesse ou le facteur qui va apporter une lettre agréable. En tant qu'amant, il a des intentions honorables, de bonnes idées et il est digne de confiance.

Dix —

Le dix de cœur annonce de bonnes nouvelles, une grande surprise, toujours agréable, ou un événement soudain. C'est la carte de bon augure. Généralement, ces bonnes nouvelles ou ces événements heureux se présentent dans les domaines de l'amour et du ménage.

Neuf —

C'est la carte du jeu qui apporte le plus de chance; elle a une très bonne signification: réconciliation et amitié, bonheur dans les affaires de cœur.

Huit —

Cette carte marque les enfants de bon caractère. Elle annonce aussi le bonheur et une bonne entente mutuelle dans le mariage. Encore une carte de bon augure qui apporte d'agréables surprises.

Sept —

Image d'une fille gaie et amoureuse, le sept de cœur fait, lui aussi, partie des bonnes cartes. Il détient le rôle plaisant d'annoncer un mariage prochain.

Les huit cartes
de carreau

Si les cœurs signifient l'amour, le mariage, l'a-
mitié et les nouvelles agréables, les carreaux nous
entraînent plutôt dans le monde des affaires, du
commerce et de l'argent.

As —

Les bonnes nouvelles se poursuivent avec l'as de
carreau qui nous annonce une lettre agréable, des
affaires profitables, une invitation à un événement
important, voire solennel, qui peut parfois marquer
un tournant décisif dans une carrière.

Roi —

Représente le patron ou le commerçant avec lequel
vous aurez à faire. Si la carte tombe à l'envers, cela veut dire que cette personne veut vous exploiter.
Par contre, il faut s'attendre à de bonnes intentions
de sa part si la carte tombe avec le neuf de cœur.

Dame —

C'est une femme très avide et avare, épouse d'un

commerçant. Elle amène toutefois des choses agréables, si elle est entourée de bonnes cartes. Si elle tombe renversée, on peut s'attendre à des difficultés et à des disputes dans un mariage d'argent.

Valet —

Représente des apprentis en commerce, des domestiques, des ouvriers, des amis. La signification en est précisée par les cartes qui l'entourent. S'il se trouve parmi des cœurs, il signifie l'amitié avec des personnes honorables.

Dix —

Si cette carte est tirée, elle nous annonce le succès dans les affaires. Mais elle peut également signifier un héritage ou un voyage prochain.

Neuf —

Pour entreprendre des affaires commerciales qui tiennent, il faut tout d'abord se débarrasser des obstacles. Si cette carte se trouve à proximité d'un trèfle, l'argent que vous attendez sera sacrifié au profit de l'église. Avec un pique, celui auquel vous avez prêté ne pense plus à vous rendre votre dû et cherche à s'esquiver.

Huit —

Vous réussirez dans vos affaires commerciales. Cette réussite sera d'autant plus longue que cette carte se trouve parmi des cœurs ou d'autres carreaux. Si elle tombe avec la dame de cœur, attendez-vous à un riche mariage. Si elle est à côté du roi de trèfle, cela veut dire que vous êtes infidèle à quelqu'un qui aura sa vengeance en vous nuisant dans votre commerce.

Sept —

Vous recevrez bientôt de l'argent. Avec l'as de
cœur, c'est à la loterie que vous aurez la chance de
gagner. Avec la dame de cœur, vous vivrez un mariage heureux, par lequel votre fortune augmentera.
Mais si cette carte se trouve avec des piques ou des
trèfles, cette fortune ne sera plus aussi grande. Avec
des piques, c'est l'huissier de la cour qui apportera
cet argent. Avec le valet de trèfle, votre fortune
vous sera volée ou disparaîtra par une tromperie
d'un plus rusé que vous.

Les huit cartes
de trèfle

As —

Vous serez engagé dans un procès. Vous rencontrerez des curés, des juges, des fonctionnaires ou
des soldats. En présence d'un valet de cœur, c'est
un signe de relations profitables avec des fonctionnaires. Avec le roi, le dix ou le neuf de cœur, vous
gagnerez indubitablement votre cause dans le procès. Avec le valet de pique, vous recevrez la visite
d'un huissier ou d'un policier. Avec le roi de trèfle,
vous vous disputerez avec le curé ou le fonctionnaire. A côté du valet de trèfle, un fonctionnaire
vous causera des ennuis. Si votre as de trèfle se

trouve à proximité de n'importe quel carreau, vous allez tout perdre; mais s'il tombe à côté d'un cœur, vos affaires se termineront bien.

Roi —

Le roi de trèfle représente un curé, un maire, un juge, un officier ou quelque autre fonctionnaire d'Etat. Contrairement au roi de cœur, qui tient place d'un bon père ou d'un bon fiancé, le roi de trèfle représente plutôt un beau-père méchant ou un mari malicieux et avare.

En présence de l'as ou du valet de trèfle, vous serez condamné. Mais, si le roi de cœur suit cette dernière, votre procès tournera bien pour vous et vous serez acquitté. Si encore ce bon roi est suivi de son as correspondant, vous serez même gracié. Mais attention! le juge pourra modifier ses décisions si la carte suivante est celle du dix ou du neuf de cœur. Le roi de trèfle en présence du dix de trèfle occasionnera la perte d'un procès civil ou une décision malheureusement défavorable pour vous de la part du juge. Entre deux cartes de carreau, le roi de trèfle veut vous montrer que votre protecteur prend «soin» de votre argent. Il ne serait pas mauvais de le surveiller. Cette carte montre aussi qu'un fonctionnaire a accepté un pot-de-vin. Si vous tirez les cartes à un soldat, le roi de trèfle est son supérieur et le valet de trèfle, son sous-officier. Si une carte de cœur suit, cela signifie que vous gagnerez les faveurs de votre supérieur.

Dame —

La dame de trèfle représente une fille cultivée mais

rusée et prête aux séductions et aux propos malveillants. Avec l'as de trèfle ou le dix, ses mauvaises intentions seront diminuées.

Si les cartes qui suivent sont des cœurs ou l'as de carreau, cette jeune séductrice sera poursuivie, se verra dans l'impossibilité de faire quoi que ce soit et pourra même être jetée en prison.

Valet —

Le valet de trèfle représente les petits fonctionnaires, les bagarreurs, les mauvais garçons, les flatteurs et les perturbateurs d'ordre. A côté du huit de trèfle et du huit de pique (ce dernier tenant place d'enfants), cette carte représente le professeur.

Parmi des cartes qui ont à faire avec l'amour et le mariage, le valet de trèfle signifie le flatteur. Ce dernier fera quelque chose de mal si sa carte est suivie du neuf ou du sept de trèfle.

Dix —

Si le dix de trèfle est accompagné de l'as de trèfle et du valet de pique, vous serez en état d'arrestation, ou vous serez mal pris avec l'huissier, ou encore vous aurez affaire à l'inspecteur d'impôt. Avec le neuf de carreau, vous aurez des difficultés avec l'impôt. S'il est avec la dame de trèfle ou celle de pique, vous serez victime d'une fausse accusation d'une plainte contre vous venant d'une méchante femme; mais tout se terminera bien pour vous si les cartes suivantes sont des cœurs. Si, au début, le dix de cœur précède le neuf ou le dix de cœur, suivi à son tour du dix ou du sept de carreau, vous perdrez de l'argent.

Neuf —

Représente toutes sortes d'obstacles. Près d'un carreau, il amène la confusion dans l'argent ou signifie un mauvais professeur ou encore un emprunteur malhonnête. Si le neuf de trèfle est précédé d'une carte de cœur, il y aura des dérangements dans les affaires du cœur, mais il n'y aura pas de suite fâcheuse si une autre carte rouge suit elle-même le neuf de trèfle, ou une autre carte qui a une signification chanceuse, comme l'as, le dix, le neuf de cœur ou l'as de carreau.

Si une des cartes ci-dessus mentionnées tombe en premier lieu, avant le tirage des cartes, la personne pour laquelle vous sondez l'avenir connaîtra un destin si heureux que vous pourrez ignorer les autres cartes!

Huit —

Le huit de trèfle concerne les successeurs. S'il tombe avant une carte de cœur, vos enfants auront bon caractère. Ils seront très riches si c'est avant un carreau.

Si c'est un trèfle qui suit, ils devront résister aux persécutions. Enfin, suivi d'un pique, le huit de trèfle fera connaître à vos enfants misère et pauvreté.

Avec le roi et l'as de trèfle, cette carte signifie qu'un de vos enfants ira s'établir à l'étranger.

Avec un valet noir, un de vos enfants contractera un mariage douteux.

Si le huit de trèfle se trouve entre le sept de trèfle

et le huit de pique, cela annonce qu'un de vos enfants aura un enfant illégitime.

Avec les deux valets rouges, le huit de trèfle leur prédit un mariage heureux.

Si cette carte est accompagnée du roi de cœur, vos enfants seront sous la protection d'une personne puissante.

A côté du huit de carreau, elle signifiera alors qu'ils ne manqueront jamais de travail.

Sept —

Le sept de trèfle représente une dame rusée et dangereuse.

Si cette carte se trouve voisine du valet de pique ou de trèfle, elle devient porteuse de malchance. Elle signifie calomnie, perte de situation à cause d'une femme qui se mêle de vos affaires.

Pour les amoureux, elle signifie la séparation. Mais la situation pourra être améliorée si la carte suivante est le sept ou l'as de carreau, ou un cœur.

Si cette méchante dame rusée qu'est le sept de trèfle tombe entre l'as et le roi de cœur, elle sera prise dans son propre piège et regrettera ses actions.

Les huit cartes
de pique

Comme pour les trèfles, les cartes de pique annoncent la malchance. Voyons donc maintenant de plus près les huit cartes du dernier groupe et leurs significations.

As —

L'as de pique annonce une maladie, une fausse couche ou même de la mortalité dans la famille; à moins qu'il ne s'agisse d'une faillite dans les affaires, d'un scandale ou d'un enfant illégitime.

Le dernier de ces événements est souligné surtout lorsque cette carte est suivie du huit de pique, avec une carte illustrée.

Si l'as de pique est en présence d'un valet quelconque ou du sept de cœur, c'est un signe que quelqu'un va être obligé par ses parents d'avouer ses fautes.

Faillite et difficultés pécuniaires sont annoncées lorsque l'as de pique suit une carte de carreau. Mais s'il est lui-même suivi par un cœur, il signifie que vous obtiendrez facilement de l'aide financière.

La maladie est à l'horizon lorsque l'as de pique se trouve entre une carte illustrée et le neuf de pique. S'il tombe voisin du dix de pique, il s'ensuivra une grande misère.

Roi —

Représente de la parenté lointaine ou un emprunteur ou un capitaliste qui exploite tout le monde et qui n'a pas de cervelle.

Si le roi de pique suit celui de carreau, vous aurez une grande concurrence.

A côté du neuf de carreau, attendez-vous à rencontrer un personnage riche, qui voudra vous faire du tort. Si ces deux cartes se trouvent en présence du dix de pique, la signification de ce groupe en sera accentuée.

Avec le neuf et l'as de pique, le roi tient place d'un médecin qui arrive chez un malade. Le dix de pique, ici présent, signifie que la maladie durera encore quelque temps. Par contre, le malade guérira assez vite, si la prochaine carte en est une de cœur.

Dame —

La dame de pique représente différentes femmes, telles une tante, une parente éloignée, une vieille connaissance et, surtout, une voisine.

Avec le sept de trèfle ou le dix de pique, elle signifie la méchanceté d'une personne; si elle se trouve parmi des bonnes cartes, elle perd sa propre signification, mais elle ne reste jamais sans nocivité. Accompagnée du sept de pique, elle annonce de la haine, de la jalousie.

Valet —

Le valet de pique tient place d'hommes tels que des avocats, des huissiers et d'autres représentants de la loi.

S'il se trouve en présence de l'as de trèfle, il signifiera surtout le malheur. Même chose si le roi ou le dix de trèfle surviennent.

Pour les amoureux, il annonce un amant étranger très jaloux, dont le succès dépendra seulement de la carte suivante: ainsi, le sept de pique, le sept de trèfle ou le neuf de trèfle mettront la chance de son côté.

A côté du neuf de carreau, il signifie un avocat qui cherche à intenter un procès. Avec le sept de carreau, il montre l'huissier ou l'inspecteur d'impôt. Si, après ce dernier, vient le neuf de pique, vous subirez un coup.

Dix —

Le dix de pique laisse généralement prévoir de mauvaises nouvelles.

Il peut annoncer la maladie prochaine d'une personne de votre entourage — parent ou ami.

Si vous partez en voyage, il faut vous méfier: il est possible qu'un accident survienne.

Cette carte parle aussi de difficultés financières:

vous risquez de perdre d'importantes sommes d'argent, par votre faute ou celle de personnes mal intentionnées.

Neuf —

Le neuf de pique représente les douleurs corporelles. S'il se trouve parmi des cartes non illustrées, la cause de la douleur sera la maladie ou l'indisposition. Entre des cartes illustrées, il signifie par contre que c'est lui-même qui est la cause de ces douleurs.

A côté du roi de trèfle, il signifie la mauvaise conduite d'un fonctionnaire ou du patron.

Avec le roi de cœur, il signifie la bonne éducation des parents ou du mari.

En présence d'autres cartes portant des illustrations d'hommes (roi ou valet), il signifie la méchanceté d'étrangers. Si le neuf de pique se trouve entre deux dames ou une dame et un sept, c'est signe que deux femmes se disputent.

Huit —

Le huit de pique représente l'enfant qui n'est pas encore né ou qui est à l'âge scolaire. Les enfants plus âgés sont représentés par le huit de trèfle.

A côté du neuf de pique et du valet de trèfle, il suggère la mauvaise conduite d'un professeur avec l'enfant.

Si le roi de trèfle se trouve à la place du valet, c'est un élève qui n'est pas bon en arithmétique qui sera la victime de cette mauvaise conduite.

Le huit de pique, s'il se trouve en présence du neuf de pique, annonce que l'enfant sera malade.

Le sept de pique voisin de cette carte signifie l'arrivée d'un enfant illégitime, surtout si l'as de pique n'est pas loin.

Entre une carte de roi et une qui montre la chambre des femmes, le huit de pique annonce aux personnes mariées la naissance d'un enfant.

Sept —

Le sept de pique représente les servantes et les ouvrières, ainsi que le degré de moralité.

A côté du neuf de trèfle, il signifie la réponse et la résistance de la part de la jeune fille.

Si cette carte tombe entre le roi de carreau et le neuf de trèfle ou de carreau, le sept de pique annonce que les ouvrières vont faire la grève.
Entre le roi de cœur et une dame, elle prédit le caractère d'un bon enfant.

Si cette carte tombe entre une dame et un trèfle ou le roi de pique, les enfants n'hériteront que très peu des bonnes qualités de leurs parents.

II

QUEL JUGEMENT PORTER SUR LA TOMBÉE DES CARTES

Comme nous l'avons vu précédemment, toute la signification des cartes se base sur la façon dont les cartes tombent, surtout pour la personne à qui l'on tire les cartes.

Pour cette personne, on prend:

* **le roi de cœur** s'il est blond et marié;
* **le roi de trèfle** pour l'homme marié aux cheveux noirs;
* **le valet de trèfle** pour le jeune homme aux cheveux noirs;
* **la dame de cœur** pour une femme ou pour une jeune fille blonde;
* **la dame de trèfle** pour une femme ou pour une demoiselle aux cheveux noirs.

Quant à la signification même de chacune des cartes, elle reste identique à celle que nous avons étudiée dans le chapitre précédent. De plus, le sens des cartes peut changer, dépendant de la position des cartes, c'est-à-dire selon qu'elles tombent debout ou renversées. Il est donc très important de faire une marque à l'une de leurs extrémités, afin d'indiquer le haut de la carte. Evidemment, il ne faudra pas oublier non plus d'en retourner une certaine partie en les battant, de sorte qu'elles ne tombent pas toutes debout.

En plus des règles concernant les trente-deux cartes que nous avons vues précédemment, une autre règle très importante est à souligner: elle dépend cette fois des groupements de cartes illustrées ou numériques identiques. Ainsi, si l'on trouve, l'une à côté de l'autre, deux cartes de roi, cela signifie un bon conseil; trois rois vous feront connaître honneur et distinction et quatre vous rapporteront un grand succès.

Par contre, deux dames signifient l'amitié, trois, la trahison, et quatre, la diffamation.

III

LES
GROUPEMENTS
DE CARTES
IDENTIQUES

Deux valets l'un à côté de l'autre signifient la vantardise. Trois valets côte à côte vous annoncent une bagarre. Quatre signifient que vous aurez affaire à la police.

Quant aux as, deux côte à côte amènent une entente secrète, tandis que trois signifient la conspiration. Quatre as annoncent un grand désordre et la conspiration contre l'autorité de la famille ou des affaires (patron, associé, etc.).

Deux dix montrent beaucoup de travail pour la personne qui se fait tirer les cartes. Trois dix vous amèneront beaucoup d'étrangers dans votre maison. Avec quatre dix il vous arrivera tant de travail que vous ne pourrez pas tout prendre et serez dans l'obligation de décliner plusieurs offres.

Deux neuf seront signe d'une peine, trois neuf côte à côte annonceront de la contrariété, tandis que quatre vous conduiront à un procès.

Deux sept signifient le commérage; trois sept, et l'histoire de Roméo et Juliette vous arrivera; quatre sept prédisent la honte à la suite de relations sexuelles.

IV

PRÉDICTION
DE L'AVENIR
PAR LA SUITE
DES CARTES

Si l'as de
coeur suit...

... une carte qui parle d'un procès, celui-ci sera
gagné pour vous.

. . . une carte qui annonce une naissance, tout va alors très bien se terminer.

. . . la carte qui promet une lettre, soit l'as de carreau, alors se réaliseront non seulement ce qui y est annoncé mais aussi les voeux futurs. Si la lettre traite de l'amour, vous connaîtrez un avenir aux conséquences satisfaisantes et pourrez également espérer un mariage. Si c'est une lettre commerciale, les relations que vous entretenez avec certaines gens dureront, stables et bienfaisantes. Si cette lettre vous fait part d'une invitation, vous vivrez des moments très gais et agréables chez vos hôtes.

. . . le roi de trèfle, même votre pire ennemi ne pourra vous faire de mal; et, éventuellement, ce mal qu'il tentera de vous faire pourra agir à votre avantage et se retourner contre lui.

. . . le roi de coeur, votre protecteur et bienfaiteur vous sera une source de chance et il vous sera très utile, non pas momentanément mais pour très longtemps.

. . . le roi de carreau, c'est alors signe que vos affaires et votre commerce vont être très prospères et que vous aurez la chance de vous enrichir très rapidement.

. . . la dame de coeur et que vous tirez les cartes pour une demoiselle ou une jeune fille, c'est le signe qu'elle sera heureuse dans la vie conjugale; pour une dame mariée, elle est heureuse car son mari l'aime et elle est satisfaite dans son ménage.

... la dame de carreau, tous les doutes à propos de la maîtresse de maison disparaîtront, car les soupçons n'auront plus de sens.

... la dame de trèfle, cela signifie pour un homme qu'une femme va lui faire des embêtements mais que personne ne la croira et qu'elle sera repoussée de tout le monde.

... la dame de pique, le mari parviendra à calmer sa belle-mère ou sa parenté et à protéger sa maison de voisins jaloux. De toute façon, il tiendra ferme.

... le valet de coeur, cela signifie pour le jeune homme qu'une jeune fille s'intéresse à lui, et que tout ira bien pour lui dans le domaine sentimental.

... le valet de carreau, si les cartes sont tirées pour un jeune homme, cela signifie qu'il peut être certain d'avoir une grande fortune dans l'avenir à cause de son énergie et de son assiduité au travail. Cette carte fait aussi régner entre lui et ses amis de très bonnes relations et une bonne entente.

... le valet de trèfle, cela signifie qu'un de vos compagnons de travail tentera de vous nuire par un moyen quelconque, mais que, fort heureusement, il ne saura y parvenir.

... le valet de pique, c'est le signe que l'avocat de votre adversaire perdra sa cause. Vous gagnerez donc la vôtre.

... le dix de coeur, ceci sera d'une grande importance pour vous: si vous êtes célébataire, vous aurez un mariage fort heureux; si vous êtes marié, vous donnerez la vie à un enfant qui sera très heureux dans la vie.

... le dix de carreau, vous remporterez prochainement une grande somme d'argent. En plus, les dangers qui vous menaçaient appartiennent maintenant au domaine du passé.

... le dix de trèfle, cette dernière carte perd alors beaucoup de sa mauvaise signification ... à moins que cette carte ne soit elle-même suivie par une carte de trèfle ou de pique, ce qui ne signifierait qu'une amélioration momentanée.

... le dix de pique, il y aura amélioration immédiate de ce qui vous était destiné. Ainsi, si un désaccord surgissait avec quelqu'un, vous pourriez vite vous réconcilier; si vous étiez la victime de mauvaises langues, ces commérages n'aboutiraient pas aux résultats attendus; si vous étiez accusé par un faux témoignage, par des plaintes mensongères, vous seriez acquitté.

... le neuf de coeur, la carte qui vous apporte du bonheur passager, celui-ci en sera prolongé de beaucoup. Le rapprochement de ces deux cartes montre, en général, toute sorte de succès, surtout dans le domaine de l'amour et dans celui du mariage.

... le neuf de carreau, ces deux cartes ensemble vous promettent la victoire sur les obstacles et les difficultés qui pourraient survenir dans vos affaires; vous réussirez donc dans vos affaires.

. . . le neuf de trèfle, cette dernière carte perd alors toute sa signification. Quant à l'as de coeur, il vous dit que vos emprunteurs viendront vous rembourser et que votre vie amoureuse, si elle vous causait des ennuis, vous sera rendue plus belle.

. . . le neuf de pique, vous réaliserez beaucoup de profit dans vos affaires; et si quelqu'un avait l'intention de vous voler, il serait appréhendé et puni en conséquence.

. . . le huit de coeur, c'est signe que les enfants viendront en aide à leurs parents et qu'ils feront tout ce qui est en leur pouvoir pour leur donner satisfaction et leur plaire.

. . . le huit de carreau, vos affaires marcheront si merveilleusement que vous en tirerez le plus grand profit. La fortune vous sourira et vous n'aurez plus rien à craindre de la concurrence.

. . . le huit de trèfle, vous serez très fier et satisfait de vos enfants. Ils grandiront dans la joie et la paix jusqu'à l'âge adulte.

. . . le huit de pique, cela vous prédit encore de grandes satisfactions venant de vos enfants, mais cette fois-ci sur le plan de la santé. Ils grandiront en effet en excellente santé. De plus, ils seront doués de qualités exceptionnelles.

... le sept de coeur, pour la jeune fille cela signifie qu'elle se trouvera un bien-aimé. Ce dernier l'aimera beaucoup et, si cette idylle doit se terminer par un mariage, il saura la rendre très heureuse.

... le sept de carreau, c'est l'annonce que vous remporterez beaucoup d'argent. Cette nouvelle fortune peut provenir d'un héritage, ou d'un billet gagnant à la loterie.

... le sept de trèfle, une femme qui vous a calomnié va être arrêtée et jugée. Elle sera peut-être même emprisonnée. A moins qu'elle ne se fasse tout simplement prendre à son propre piège.

... le sept de pique, vous serez très estimé de vos employés et vivrez en excellents termes avec eux. A moins que, par votre faute, vous ne provoquiez des querelles.

Si le roi de coeur suit...

...l'as de coeur, la première carte vous apportera beaucoup de bonheur.

...l'as de carreau, une personne influente améliorera votre sort en vous trouvant un bon emploi, ou en vous procurant une excellente situation.

...l'as de trèfle, c'est signe que vous allez être acquitté, que vous gagnerez votre procès. Cela peut également signifier que tout va s'arranger pour vous, dans le cas où vous auriez eu des troubles avec des fonctionnaires.

... l'as de pique, dans le cas d'une maladie suffisamment grave pour vous obliger à garder le lit, cela signifie qu'un bon médecin vous soignera et vous guérira. Dans le cas d'un désappointement quelconque ou encore si vous êtes de mauvaise humeur, vous apprécierez la présence d'un ami, ses bons conseils, car il saura vous redonner la joie, grâce à laquelle vous retrouverez la sérénité.

... le roi de carreau, cela signifie que vous aurez affaire à un bon employeur. Si vous êtes commerçant ou industriel, vous recevrez de l'aide financière ou bénéficierez de crédit, ce qui vous permettra, selon le cas, de sauver vos affaires ou tout simplement de les améliorer en leur donnant un nouvel essor.

... le roi de trèfle, il est signe que le mauvais coup préparé contre vous échouera. Vous vous en tirerez bien.

... le roi de pique, aide et sécurité vous seront acquises, quoique assez difficilement. Mais sans la réunion de ces deux rois qui sauvent la situation (la vôtre), vous auriez pu avoir des ennuis dans vos affaires à cause d'un de vos concurrents.

... la dame de coeur, et que les cartes sont tirées à une jeune fille, c'est le signe qu'elle va se trouver un bon époux. Il ne sera pas le seul à contribuer à son bonheur, car elle sera aussi la protégée du beau-père.

. . . la dame de carreau, la jeune fille dont l'occupation est en rapport direct avec le commerce ne sera plus seule très longtemps pour mener à bien ses affaires. Elle épousera bientôt l'homme qui lui convient.

. . . la dame de trèfle, cela signifie qu'une femme blonde va se faire aller la langue contre vous. Nombreux bavardages tendant à vous porter préjudice.

. . . la dame de pique, cela signifie que les mauvaises intentions d'une femme âgée ne pourront pas vous faire de tort, car vous avez cette personne à l'oeil et la surveillez de près. Vous vous méfiez d'elle, vous devinez et déjouez ses mauvaises intentions.

. . . le valet de careau, les personnes que vous avez à votre service seront fort laborieuses. C'est un grand avantage pour vous car elles vous feront réaliser beaucoup de profits.

. . . le valet de trèfle, cela signifie pour la jeune fille qu'elle pourra enfin se débarrasser de ses mauvais prétendants. Elle se trouvera ensuite un homme énergique qui saura lui plaire.

. . . le valet de coeur, le jeune homme pour qui vous tirez les cartes devra surmonter certaines épreuves et y parviendra grâce à une parenté, qui l'aidera à bien s'établir et à s'organiser convenablement dans ses entreprises.

. . . le valet de pique, vous devrez surveiller un fonctionnaire qui tentera de vous nuire; mais vous serez sauvé par son patron.

. . . le dix de coeur, vous recevrez bientôt de bonnes nouvelles et même un peu d'argent. Vous trouverez un ami puissant qui partagera vos opinions et éloignera de vous tous les obstacles.

. . . le dix de carreau, vous bénéficierez dans vos affaires d'une grande somme d'argent, à partir de laquelle vous aurez des relations intéressantes qui vous assureront des revenus perpétuels.

. . . le dix de trèfle, vous gagnerez les faveurs du fonctionnaire avec qui vous faites affaire; excellent point pour vous, et qui vous aidera à résoudre certains problèmes.

. . . le dix de pique, votre appel au tribunal sera entendu et vous serez acquitté. En cas de pertes dans votre commerce, vous recevrez bientôt du crédit de certains de vos parents ou de vos amis.

. . . le neuf de coeur. Ces deux cartes, à la suite l'une de l'autre, ont pour signification le bonheur. Elles annoncent pour vous une longue période sans souci.

. . . le neuf de carreau. Tout ira mieux pour vous. Vous surmonterez toutes les difficultés qui vous assaillent depuis un certain temps.

. . . le neuf de trèfle ou de pique, cela réduit la mauvaise signification de ces cartes; par conséquent, toutes les prédictions funestes peuvent tourner à votre avantage, surtout si les cartes qui suivent sont de coeur.

... le huit de coeur, vous rencontrerez un protecteur qui procurera à votre famille sécurité et faveurs, garantira votre travail et vos profits, et même fournira à vos enfants certains avantages enrichissants.

... le huit de carreau, c'est le signe que le luxe et l'abondance vont désormais faire partie de votre vie. Et cela, vous le devrez à votre beau-père ou à l'un de vos amis intimes.

... le huit de trèfle ou de pique, cela signifie que vos enfants bénéficieront d'une aide nouvelle. Ils auront un bienfaiteur qui fera beaucoup pour les aider.

... un sept rouge, coeur ou carreau, cela peut avoir deux significations différentes. Cela peut vous annoncer la réalisation de vos voeux, ou bien la réception d'un montant d'argent.

... un sept noir, donc de trèfle ou de pique, la signification de cette dernière se verra améliorée.

La carte qui tombe après une autre a toujours moins d'influence que cette autre, car les cartes qui tombent en premier montrent le passé et le présent, alors que celles qui suivent représentent l'avenir.

Si la dame de coeur
tombe après...

. . . l'as de coeur, cela signifie qu'une bonne dame s'intéresse à vous et vous apportera beaucoup de choses surtout si les cartes qui suivent ont une heureuse signification.

. . . le dix de coeur, cela précise que cette bonne dame vous fera parvenir de ses nouvelles. Vous recevrez également des cadeaux, venant de cette même personne.

. . . le roi de coeur, c'est un signe excellent. Cette combinaison vous annonce que votre mariage sera heureux.

. . . le valet de coeur, la signification s'en révélera tout aussi bonne: un mariage heureux, tout comme avec le roi de coeur.

. . . le neuf de coeur, cela signifie que vous allez rencontrer de nombreuses personnes en qui vous pourrez sans risque mettre votre confiance. Ce seront des personnes honnêtes qui ne vous tromperont pas.

. . . le huit de coeur, vous serez le bénéficiaire d'un héritage considérable. Cet héritage assurera votre avenir, mais il suffira également à vos enfants.

. . . le sept de coeur, si la personne qui se fait tirer les cartes est une jeune fille, cette combinaison lui fera connaître un mariage heureux.

. . . l'as de carreau, vous pouvez vous attendre à une bonne nouvelle. La dame bienveillante réapparaît ici. Elle vous cédera la totalité de ses biens par son testament.

. . . le roi de carreau, décidément la bonne dame est toujours présente quand vous avez besoin d'elle. Avec cette combinaison de cartes, elle vous trouve un emploi qui vous convient et qui sera bien rémunéré.

. . . la dame de carreau, et si la personne qui se fait tirer les cartes est un jeune homme, il se trouvera une épouse à la fois riche et fidèle.

... le valet de carreau, l'épouse annoncée sera une excellente maîtresse de maison, une épouse qui tiendra votre ménage efficacement.

... le dix de carreau, là encore nous retrouvons la bonne dame bienfaitrice. C'est elle qui viendra sauver votre situation, ou vous aider dans vos entreprises et projets, en vous consentant un gros prêt.

... le neuf de carreau, la bonne dame vous prêtera main-forte pour surmonter tous les obstacles qui pourraient se présenter sur votre chemin.

... le huit de carreau. Vous avez entrepris quelque chose? Démarré un projet, une entreprise? Quel que soit le but de votre entreprise, ces cartes vous en promettent le succès.

... le sept de carreau, la bonne dame s'occupera de votre argent et, en temps opportun, se fera intermédiaire pour vous aider dans votre mariage.

Si le valet de coeur suit...

... l'as de coeur et si vous êtes une jeune fille, un homme vous fait la cour mais vous pouvez avoir confiance en lui car il a une bonne réputation et vous rendra heureuse.

... le roi de coeur, ici le beau-père entre en jeu. Cette combinaison de cartes signifie que le jeune marié, ou la jeune mariée, recevra beaucoup d'aide de la part de son beau-père.

... la dame de coeur. Combinaison d'excellent augure pour les amoureux, leur annonçant qu'ils feront, ensemble, un très bon couple et que leur union sera un véritable succès.

. . . le dix de coeur, les nouvelles que vous écrit celui qui vous aime sont véridiques; vous pouvez avoir confiance en lui. Pour lui, cette carte représente le succès dans ses entreprises.

. . . le neuf de coeur, les bonnes nouvelles continuent, ces deux cartes vous annonçant que vous continuerez à vivre dans la joie et le bonheur.

. . . le huit de coeur, il y a de grandes satisfactions dans l'air. Dans le cas présent ce seront les parents qui seront très satisfaits de leurs enfants.

. . . le sept de coeur. Encore une bonne nouvelle puisque le jeune homme qui se fait tirer les cartes peut être assuré que la jeune fille qu'il s'est choisie sera bonne pour lui.

. . . l'as de carreau, c'est un signe d'argent. Plusieurs occasions de vous enrichir se présenteront à vous. Ne les laissez pas passer, mais au contraire sachez en profiter.

. . . le roi de carreau, le jeune homme aura beaucoup d'offres d'emploi lui procurant un très bon salaire. Les prochaines cartes feront voir si quelqu'un lui viendra en aide en cas de détresse.

. . . le dix de carreau, cela signifie la satisfaction. Mais dans le cas présent il ne s'agit pas de satisfaction dans les affaires de coeur. Ce sont vos biens qui vous satisferont.

. . . le sept de carreau, la bonne dame s'occupera

de votre argent et, en temps opportun, se fera intermédiaire pour vous aider dans votre mariage.

...l'as de trèfle, si vous avez un procès en cours, une femme viendra témoigner en votre faveur. Ce témoignage vous fera le plus grand bien et vous aidera beaucoup dans votre procès.

...le dix de trèfle, le cas est le même que précédemment. Une femme témoignera pour votre bien et vous aidera dans votre procès.

...le roi de trèfle, là encore une femme vous aide. Cette combinaison de cartes signifie que cette femme joue le rôle d'intermédiaire pour vos affaires, chez un fonctionnaire. Son intervention vous est favorable.

...la dame de trèfle. Attention! soyez sur vos gardes. Méfiez-vous tout particulièrement des tromperies et attrapes d'une femme méchante.

...le valet de trèfle, c'est le signe qu'une de vos amies va offrir des pots-de-vin à un fonctionnaire, et ce, dans le dessin de vous venir en aide.

...le neuf de trèfle, cette carte signifie que tous les obstacles qui pourraient apparaître pour nuire à la réussite dans votre entreprise disparaîtront.

...le huit de trèfle, cette combinaison vous annonce une protection pour vos enfants.

...le sept de trèfle, des propos malveillants tenus contre vous ne produisent pas d'effet, car vous êtes protégé contre toutes ces médisances et ces calomnies.

. . . l'as de pique ou le dix de pique, le malheur que prédisaient ces cartes en sera atténué.

. . . le valet de pique, votre ménage, qui risquait de se désagréger, pourra survivre. Cette combinaison promet l'échec de l'intrus qui essayait de s'introduire dans votre ménage pour le détruire.

. . . le roi de pique, une fois de plus une femme entre dans votre vie pour votre bien. Cette fois-ci, il s'agit d'une femme laborieuse qui va vous venir en aide.

. . . la dame de pique, cela vous annonce la bonne entente qui régnera entre les membres de votre famille.

. . . la dame de carreau, cela a la même signification qu'avec le roi de carreau.

. . . le valet de carreau, c'est une grande satisfaction pour vous, puisque cette combinaison vous fera trouver un ami fidèle.

. . . le neuf de carreau, vos intentions et espoirs ne se réaliseront malheureusement pas de sitôt et il y a beaucoup de choses qui pourront changer.

. . . le huit de carreau, ou encore le sept de carreau, tous vos espoirs se réaliseront et tout ira rapidement, droit au but.

. . . l'as de trèfle, ou le dix de trèfle, c'est le

signe que vous aurez un bon témoin à votre procès et qu'il vous défendra.

. . . le roi, la dame ou le valet de trèfle, des personnes opposées à vos idées projettent de vous nuire; mais elles rencontreront des obstacles. De bons amis peuvent s'y mêler, et tout ira pour le mieux.

. . . le neuf de trèfle, là encore des personnes essaieront de vous nuire pour la seule raison que leurs idées sont opposées aux vôtres. Mais des obstacles surgiront pour les autres et des amis pourront intervenir en votre faveur.

. . . le huit de trèfle, cela vous annonce l'arrivée d'un protecteur qui veillera sur vos enfants.

. . . le sept de trèfle, il annonce que les tromperies faites par des femmes seront un peu atténuées, mais sans en être pour autant complètement supprimées — il faudrait, pour cela, que suivent quelques cartes de bonne signification.

. . . l'as de pique, dans toutes les circonstances vous serez aidés par des amis qui partageront vos opinions et qui vous viendront en aide dans vos entreprises.

. . . le roi, la dame ou le valet de pique, la mauvaise signification de ces trois cartes s'affaiblira.

. . . le dix ou le neuf de pique, là encore vous aurez des amis qui partageront vos opinions et qui vous aideront dans toutes les circonstances — tout comme avec l'as de pique.

... le huit ou le sept de pique, c'est le signe qu'un bon ami interviendra à temps pour mettre de l'ordre dans vos affaires et dans votre famille, assurant leur stabilité.

Si la carte qui suit est...

... le dix ou le neuf de coeur, cela aura la même signification qu'avec l'as de coeur, c'est-à-dire succès en amour et dans la vie familiale. Bonnes affaires et fortune.

... le huit de coeur, même chose qu'avec le roi ou la dame de coeur: les personnes qui s'occupent de votre argent réussiront et resteront longtemps vos bons amis.

... le sept de coeur. Voyez le valet, ces cartes vous apportent la même chose, soit réussite dans les affaires.

Si l'as de carreau suit...

...l'as de coeur cela signifie du succès en amour et dans la vie familiale. Bonnes affaires et fortune. Cela signifie la même chose lorsque l'as de carreau suit, après le dix de coeur, un neuf de coeur.

...le roi de coeur ou la dame de coeur, c'est signe que ceux qui s'occupent de votre argent auront du succès et resteront vos bons amis pour longtemps.

... le valet de coeur, le jeune homme ouvrira son propre commerce et réussira très bien dans ses affaires. Même signification pour une demoiselle, si elle se fait tirer les cartes et que l'as de carreau suit le sept de coeur.

... le dix de carreau, ces cartes vous annoncent beaucoup d'argent qui peut entrer en votre possession par divers moyens: soit la bonne marche de vos affaires, soit un héritage, soit un billet gagnant à la loterie.

... le roi de carreau, il s'agit encore de bonnes nouvelles pour la personne qui se fait tirer les cartes, puisque cette combinaison vous annonce beaucoup de travail et beaucoup de gains.

... le valet de carreau, un ami riche entrera dans votre vie et vous en tirerez certains avantages, sans nuire à son amitié.

... le neuf de carreau, vous aurez de fortes chances de voir vos désirs se réaliser, car ici l'as de carreau promet que les obstacles seront écartés.

... le huit de carreau et le sept de carreau, il amplifie la signification de ces deux cartes.

... le sept de trèfle, cela indique qu'une méchante femme agissant contre vos intérêts sera vaincue. Encore une fois le danger sera éloigné.

... le neuf de trèfle. Cette dernière carte annonce habituellement une perte d'argent. Suivie de l'as de carreau, il en va autrement. Non seulement vous ne perdrez pas d'argent mais au contraire vous en obtiendrez.

. . . le huit de trèfle, vos enfants recevront de très bons soins.

. . . l'as de pique, il atténue sa mauvaise signification. Après cette carte, on peut espérer un héritage dans un court délai.

. . . le dix de pique, il prédit la découverte d'une femme machiavélique à qui vous ferez honte. En général, cet as rouge signifie la victoire sur vos ennemis et vos concurrents.

. . . le roi de pique, là encore il s'agit de vos enfants. Cette combinaison annonce qu'ils seront bien élevés et qu'ils recevront une excellente éducation.

. . . le huit de carreau et le sept de carreau, la signification de ces deux cartes s'en trouve alors considérablement amoindrie.

. . . le roi de carreau ou la dame de carreau, cela signifie pour les commerçants que le meilleur temps de leur vie est déjà passé.

. . . le dix de coeur ou le neuf de coeur, on retrouvera la même signification que précédemment, c'est-à-dire que le meilleur temps des affaires, pour les commerçants, est révolu.

Si le roi de carreau suit...

... l'as de coeur, cela a la même signification que précédemment, à savoir que pour les commerçans le meilleur temps de leur vie est déjà écoulé.

... le dix de coeur, ou le neuf de coeur, même signification.

... la dame de carreau ou le valet de carreau, une main forte vient à votre secours. Donc, si vous êtes en difficulté, gardez espoir et attendez-vous qu'une main forte va vous aider.

Mais si l'une de ces cartes suit après la dame de coeur, c'est signe qu'une femme vous arrachera votre argent, surtout si la dame de carreau suit le huit de coeur ou le sept de coeur.

... l'as, le dix, le huit ou le sept de carreau, c'est signe que l'argent qui devait vous revenir ira dans d'autres mains.

... le neuf de carreau, il faudra résister aux obstacles et dangers et vous aurez de l'espoir pour l'avenir, si les cartes sont favorables.

Même signification si le roi de carreau suit les mauvaises cartes de trèfle ou de pique, gardez espoir pour l'avenir et sachez résister aux obstacles et aux dangers qui surgiront.

Si la dame de carreau suit...

...l'as, le dix, le huit ou le sept de carreau, cela ne représente pas une bonne nouvelle pour vous sur le plan argent. En effet une somme qui devait vous revenir ira tout simplement à d'autres.

...le neuf de carreau, il faudra franchir des obstacles, et affronter des dangers; mais vous pouvez garder espoir, si des cartes favorables suivent.

Même signification si le roi de carreau ou la dame de carreau suit les cartes défavorables de trèfle ou de pique.

Si le valet de carreau suit…

…l'as, le dix ou le neuf de coeur, cela signifie que le jeune homme qui se fait tirer les cartes ne devrait pas changer d'emploi présentement, ce qui n'améliorerait pas sa situation mais ne servirait, au contraire, qu'à l'empirer.

…le roi de coeur, c'est signe que le jeune homme devrait éprouver un plus grand respect pour son bienfaiteur, ainsi que pour son père. Une trop grande négligence dans ce domaine risquerait de lui faire perdre ces deux personnes.

... la dame de coeur, c'est signe que le jeune homme, par négligence, est coupable envers sa bien-aimée, sa mère ou sa parenté.

Même signification si le valet de carreau suit le huit ou le sept de coeur.

... l'as, le dix, le huit ou le sept de carreau, c'est signe que le jeune homme devrait s'occuper davantage de son éducation pour avoir de meilleures chances dans la vie.

... le roi de carreau, c'est signe, pour un employé ou un ouvrier, que son patron lui adressera des reproches. Si le neuf de pique se trouve à côté, il pourra être congédié de son emploi.

... la dame de carreau, c'est signe d'un changement de situation du jeune homme par rapport à la femme dont il dépend. Cette combinaison annonce en effet que c'est la femme, désormais, qui dépendra de lui.

... le neuf de carreau, c'est signe que le jeune homme a vaincu toutes les difficultés et que tout ira très bien désormais. Même chose si d'autres cartes de trèfle et de pique, le valet de carreau ou une autre carte représentant une personne se trouvent non pas avant, mais après ces cartes. Ce qui reste en arrière, c'est le passé, de sorte que ces cartes signifient moins que celles qui suivent, ces dernières représentant l'avenir.

Si le neuf de carreau suit...

...les coeurs favorables ou les cartes de carreau, il n'annule pas leur bonne signification, mais la dérange quand même un peu.

...les cartes qui représentent les amoureux, c'est un signe que le mariage n'est pas aussi proche qu'on pourrait le croire et que plusieurs obstacles restent à franchir.

Si l'as de trèfle suit...

...l'as, le dix ou le neuf de coeur, cela signifie que vous portez malchance à vos amis. Si ces derniers restent auprès de vous, se tiennent avec vous, ils seront brouillés et persécutés.

Mais le pouvoir des bonnes cartes de coeur sera plus grand et la tempête passera sans trop de dégâts s'il n'y a pas de mauvaises cartes après l'as de trèfle.

. . . le roi, la dame ou le sept de coeur, cela signifie qu'une vengeance se produira au sein de votre famille, ou contre votre fiancé.

. . . l'as de carreau ou le dix de carreau, c'est signe que vous risquez d'avoir un procès à cause de l'argent. Les conséquences sont dévoilées par les cartes suivantes. Si les coeurs suivent, vous gagnerez le procès; si ce sont les carreaux, votre adversaire devra vous payer et payer aussi les frais de cour.

. . . le roi ou la dame de carreau, c'est signe qu'il y aura un procès à cause de traites que le marchand (roi de carreau) ou l'acheteuse (dame de carreau) n'arrive pas à payer.

. . . le valet de carreau, cela signifie que vous aurez à répondre prochainement d'une plainte qu'un ouvrier déposera contre vous.

. . . le huit ou le sept de carreau, il y a là un signe d'argent. Qu'il s'agisse d'argent obtenu par la vente de marchandise quelconque, ou d'argent obtenu par un prêt.

. . . le roi de trèfle, on peut y voir un signe de dispute entre un homme et vous. Mais il n'est pas tellement dangereux malgré son apparence, à moins que le dix ne suive le roi de trèfle.

. . . le dix ou la dame de trèfle, ou si le roi se trouve à côté, c'est signe que votre mariage vous décevra. Si après ces cartes viennent le dix ou l'as de pique, il y aura un risque de divorce suivi de conséquences difficiles.

... le valet de trèfle, c'est signe qu'un de vos compagnons de travail a parlé contre vous, mais il n'y aura pas de conséquences. Si le roi de coeur suit ces cartes, ce compagnon de travail assumera la responsabilité de ses paroles.

... l'as ou le dix de pique, vous pourrez avoir un procès à cause d'un héritage. Si elles suivent après le roi de pique, le procès sera arrangé par un avare ou un exploiteur. Si elles suivent le valet de pique, vous subirez des pertes à cause d'un avocat.

... la méchante dame de pique, cela annonce une dispute. Cette dispute surviendra à l'intérieur même de votre maison, où des femmes provoqueront la discorde.

... le neuf de pique, il y aura procès et l'accusé devra répondre à une accusation de duperie ou de blessure corporelle.

... le valet de pique, c'est signe que la blessure peut être produite par votre adversaire; mais si le huit et le sept de pique suivent, il s'agit alors de femmes et d'enfants.

Si le roi de trèfle suit...

... le neuf de trèfle, cela vous annonce encore des mésententes qui surgiront entre vous-même et les personnes qui font partie de votre entourage.

... la dame ou le sept de cœur, l'ennemi excite contre vous votre femme ou votre bien-aimée.

S'il suit le valet de cœur, l'ennemi a l'intention d'enlever le bien-aimé d'une jeune fille.

. . . l'as, le dix ou le neuf de cœur, l'ennemi sera vaincu dans quelque domaine que ce soit. Après cette «victoire», tout tournera bien pour vous.

. . . la carte de carreau, votre concurrent essayera de vous nuire dans le commerce.

Suivant le roi ou la dame de carreau ces cartes rien faire, sinon se nuire à lui-même.

Suivant le roi ou la dame de cerreau ces cartes parlent de malchance; les conséquences sont indiquées par les cartes suivantes: perte de revenu, perte d'emploi. Mais si les cartes suivantes sont heureuses, la perte d'emploi sera temporaire.

. . . le neuf de carreau, c'est signe qu'un faux ami a subtilité l'argent qui vous était destiné.

Suivant le huit et le neuf de carreau, une personne vous fera du tort.

. . . la dame de carreau, il vous conseille d'être très prudente dans vos achats. Cependant, malgré vos précautions, une vendeuse vous trompera.

. . . l'as ou le dix de trèfle, il y a encore un procès dans l'air. Un procès perdu pour des gens religieux, soit qu'ils l'aient intenté, soit qu'ils aient eu à y répondre.

. . . la dame de trèfle, attention mesdames, mesdemoiselles! Cette combinaison signifie qu'une jeune fille ou une femme sera séduite.

. . . le neuf, le huit ou le sept de trèfle, cela

indique un malheur s'abattant sur un homme marié. Après le valet de carreau, ce roi signifie pour un employé qu'il peut perdre sa place et son revenu.

. . . l'as ou le dix de pique, cela indique qu'un médecin viendra sauver un malade ou aidera pour un accouchement; si une carte de cœur suit, il réussira très bien. Si, après, vient la carte de carreau, vous serez obligé de le bien récompenser.

D'après les autres cartes, si le roi de trèfle suit l'as de pique il représente le père du nouveau-né. Si le neuf de pique suit ces cartes, il faudra faire attention.

. . . le roi, la dame, ou le valet de pique, c'est signe que vos ennemis travaillent contre vous dans le dessein de vous nuire. S'il suit le neuf de trèfle et se trouve à côté ou vient après, grande tromperie ou perte par un médecin, un pharmacien, un accident de chemin de fer, un incendie ou une inondation.

(La dame de trèfle a la même signification que le roi de trèfle et le valet de trèfle quand ils suivent d'autres cartes, avec quelques changements, évidemment, qui montrent ce qu'il faut comprendre et remarquer.)

. . . le neuf et le sept de trèfle, ces cartes demeurent dans tous les cas de mauvais augure; seulement, si elles se situent après l'as, le dix ou le neuf de cœur et l'as de carreau, le pouvoir assez fort de ces dernières fait qu'elles deviennent insignifiantes.

... le neuf ou le sept de trèfle se trouvant après le roi ou la dame de cœur, ces personnages, qui ont une bonne signification pour nous et nous promettent généralement du bien, signifient ici que nous serons victimes et trompés.

... le valet et le sept de cœur, elles signifient pour les jeunes qu'ils vaincront différents obstacles et qu'ils feront finalement un heureux mariage.

Si elles tombent après le huit de trèfle, il s'agit là de vos enfants. Cela annonce qu'ils auront beaucoup de défauts et que, par conséquent, ils seront souvent punis.

Si le dix de trèfle suit...

... l'as de carreau ou le dix de carreau, un procès est à prévoir pour une question d'argent.

Les conséquences: si le cœur suit, vous gagnerez le procès.

... le valet de carreau, cela annonce que vous aurez à répondre d'une plainte déposée contre vous par un travailleur.

... le roi de trèfle, on y verra un signe de dispute avec un homme qui n'est pas dangereux — il en a l'air seulement — à moins que le dix ne suive le roi de trèfle.

... le neuf de trèfle, cette combinaison vous annonce des mésentes qui peuvent survenir aussi bien chez vous, avec les membres de votre famille, qu'à votre travail, avec vos collègues, ou même durant vos loisirs, avec vos amis.

... le valet de trèfle, il est vraisemblable qu'un compagnon de travail a parlé contre vous, sans conséquence. Toutefois, si le roi de cœur suit ces cartes, ce compagnon assumera la responsabilité de ses paroles.

... l'as de pique ou le dix de pique, c'est encore un procès qui s'annonce, et qui pourrait survenir à cause d'un héritage.

... la méchante dame de pique, les femmes à la maison sont causes des disputes et discordes. Si le neuf de pique se trouve ici, c'est signe qu'une femme va se faire battre.

... le neuf de pique, il s'agit alors d'un procès à cause d'une duperie ou d'une blessure corporelle.

Et si le valet de pique s'y trouve, c'est signe que la blessure peut être produite par votre adversaire.

Mais si le huit et le sept de pique suivent, il s'agit alors de femmes et d'enfants.

Si le huit de trèfle suit...

...l'as, le dix ou le neuf de cœur, cela signifie que vos enfants ne réussiront pas en quittant la demeure familiale. Ils vivront beaucoup plus mal en subvenant à leurs propres besoins, qu'en demeurant sous le toit paternel.

...le roi ou la dame de cœur, cela vous annonce que vous aurez un nombre d'enfants plus grand que ce que vous n'aviez prévu.

... le valet ou le sept de cœur, vous aurez le mariage et le baptême en même temps.

... le huit de cœur, il faut s'attendre à des jumeaux, car le huit de cœur seul montre déjà des enfants.

Si l'as de pique suit...

...l'as de cœur, il faudra vous attendre que l'avenir sera pire que le passé; mais un bon passé laissera son influence et pourra atténuer la mauvaise signification des cartes.

...le dix ou le neuf de cœur, il enlève à ces deux cartes la moitié de leur mauvaise signification, ce qui améliore de beaucoup la situation annoncée lorsqu'elles sont seules.

... le roi, la dame ou le valet de cœur, cela ne laisse pas présager de bonnes nouvelles, ni de trop mauvaises quand même. Cette combinaison annonce la maladie, mais cette dernière ne laissera toutefois aucune mauvaise trace.

... le huit de cœur, cela n'annonce pas, ici encore, une très bonne nouvelle. Cette combinaison signifie que vos enfants n'auront pas une vie très plaisante.

... le sept de cœur, il signifie, pour la demoiselle qui se fait tirer les cartes, qu'elle devra veiller à sa santé.

... l'as de carreau, alors celui-là annule temporairement la mauvaise signification de celui-ci; la maladie ne durera pas trop longtemps et n'importe quel scandale sera étouffé.

... le dix de carreau, cela signifie que vous aurez su réaliser des économies suffisantes, qui vous seront fort utiles lorsque vous vous trouverez en mauvaise posture. Votre prévoyance vous sortira d'une situation précaire.

... le roi, la dame ou le valet de carreau, c'est signe que le commerçant devrait surveiller sa santé pour ne pas tomber malade, ce qui l'empêcherait de surveiller son commerce.

... le huit ou le sept de carreau, cela signifie encore que vous aurez économisé suffisamment d'argent. Ces économies vous permettront de régler toutes vos dettes.

... l'as ou le dix de trèfle, cela annonce un procès qui sera intenté à la suite d'une accusation de préjudice à la santé ou à la naissance.

... le roi de trèfle, c'est signe que le fonctionnaire qui peut avoir une grande importance dans vos affaires tombera malade. Si les mêmes cartes suivent la dame de trèfle, il faut y lire qu'une de vos amies tombera malade, ou encore qu'une femme machiavélique sera obligée de se calmer.

... le neuf de trèfle, dites-vous que votre maladie durera longtemps. Si ces cartes suivent le huit de trèfle, cela signifie que vos enfants vivront des moments déplaisants.

Si ces cartes tombent après le sept de trèfle, celle qui est représentée par cette carte sera victime d'un malheur.

Et si on trouve à côté le valet de trèfle ou le valet de carreau, ce méchant sept va suggérer un enfant illégitime.

... le roi de pique, c'est que votre ennemie ou celui qui a emprunté votre argent tombera malade. Et plus il y a de cartes de pique autour, plus la maladie sera grave.

Si le roi de pique se trouve en face de l'as de pique ou du dix de pique, la signification le concerne lui-même.

Se trouvant, après les cartes signifiant la maladie, il annonce le médecin.

S'il se trouve entre l'as et le dix de pique, il signifie une maladie passagère.

... la dame de pique, cela annonce que la personne représentée par cette carte tombera malade.

On peut penser à la parenté seulement quand l'as de pique se trouve non loin de plusieurs cartes qui représentent les employés.

... le dix de pique, cela annonce que vous participerez à une mauvaise aventure. On sait déjà que le dix de pique est le messager des malheurs.

... le huit de pique, il s'agit d'enfants. Ces deux cartes à la suite l'une de l'autre annoncent la maladie d'un enfant, et aussi un baptême.

Si le dix de pique suit...

... l'as de cœur, il faut croire que le passé n'était pas aussi mauvais que ne le sera l'avenir; mais le bon passé va laisser son influence, qui peut améliorer la mauvaise signification des cartes.

... le dix ou le neuf de cœur, la mauvaise signification de ces deux cartes en est diminuée de moitié.

... le roi, la dame ou le valet de cœur, cela annonce la maladie. Toutefois, il s'agira d'une maladie sans conséquence, qui ne laissera pas de mauvaises traces.

... le sept de cœur, cela signifie que la jeune fille qui se fait tirer les cartes devra veiller à sa santé, afin de ne pas s'attirer d'ennuis de ce côté.

... le dix de carreau, c'est signe, une fois de plus, que vos économies vous seront d'un grand secours lorsque vous vous trouverez en mauvaise posture. L'argent économisé vous permettra de vous sortir de ce mauvais pas.

... le roi ou le sept de carreau, là encore c'est signe que vous saurez économiser tout l'argent qui vous sera nécessaire pour faire face à toutes vos dettes.

... l'as ou le dix de trèfle, qui concernent les procès, un procès sera intenté à la suite d'une accusation portant sur une santé ruinée ou une naissance.

... le roi de trèfle, c'est signe que le fonctionnaire qui a une grande importance dans vos affaires tombera malade.

Si les mêmes cartes suivent la dame de trèfle, soyez sûr que parmi vos amies il s'en trouvera une qui perdra la santé; cela veut dire aussi qu'une femme machiavélique sera obligée de se calmer.

Si ces cartes suivent le huit de trèfle, vos enfants vivront des moments déplaisants. Si ces cartes tombent après le sept de trèfle, celle qui est représentée par cette carte sera frappée par un malheur.

Et si on trouve, à côté, le valet de trèfle ou le valet de carreau, ce méchant sept annoncera un enfant illégitime.

... le roi de pique, c'est signe que votre ennemi ou celui qui vous a emprunté de l'argent tombera malade.

Et plus il y a de cartes de pique autour, plus la maladie sera grave.

... la dame de pique, c'est signe que la personne qui est représentée par cette carte tombera malade. On peut penser à la parenté, uniquement, quand il se trouve autour de plusieurs cartes qui représentent les employés.

... le huit de pique, cela concerne un enfant. Ces deux cartes annoncent sa maladie et son baptême.

Si ces cartes tombent après le sept de pique, cela signifie que la maladie concerne les organes sexuels.

V

TIRER CHAQUE
SEPTIÈME CARTE

D'après ce qui a été dit plus haut sur les cartes, on peut essayer de tirer les cartes et ainsi comprendre la signification de chacune, selon l'ordre dans lequel elles se suivent.

On prend, en général, un jeu de trente-deux cartes; on les bat, puis on les compte de sept en sept. Chaque septième carte on la retourne et on la place sur la table.

En répétant trois fois de cette manière on obtient douze cartes que l'on range dans l'ordre de leur apparition. Ensuite on interprète la signification de chaque carte. Les douze cartes forment un premier jeu complet. Avant de les expliquer, il faut voir si la carte représentant la personne concernée se trouve parmi ces cartes. Sinon, il faut battre de nouveau les 32 cartes et, encore trois fois, tirer chaque septième carte. La signification des cartes a été expliquée plus haut (cf. p. 39: Signification des 32 cartes.

Lorsque vous avez fini d'expliquer, mélangez les 12 cartes, disposez-les en quatre tas de trois cartes, qui se présentent comme suit:

1	2	3	4
5	6	7	8
9	10	11	12

Dans le premier tas se trouvent les première, cinquième et neuvième cartes. Ces cartes représentent l'avenir de cette personne.

Dans le deuxième tas, se trouvent les deuxième, sixième et dixième cartes. Ces cartes représentent l'avenir de vos employés ou des personnes qui dépendent de vous.

Dans le troisième tas, se trouvent les troisième, septième et onzième cartes. Ces cartes représentent les événements futurs.

Dans le quatrième tas se trouvent les quatrième, huitième et douzième cartes. Ces cartes représentent les événements inattendus et brusques.

VI

UNE
AUTRE MANIÈRE
DE TIRER
LES CARTES

Battez les trente-deux cartes et faites-les couper par la personne qui se fait tirer les cartes. Ensuite, formez deux tas de seize cartes en disposant les cartes alternativement de gauche à droite.

La personne qui se fait tirer les cartes choisit un des deux tas. Ceci fait, on les bat encore une fois et on les dispose en quatre tas contenant chacun quatre cartes.

I)	1	2	3	4
II)	5	6	7	8
III)	9	10	11	12
IV)	13	14	15	16

Les quatre cartes du premier tas 1, 5, 9 et 13 indiquent le destin de cette personne.

Les cartes du deuxième tas 2, 6, 10 et 14 indiquent les affaires des employés et de la maison.

Les cartes du troisième tas 3, 7, 11 et 15 indiquent des événements proches.

Les cartes du quatrième tas 4, 8, 12 et 16 indiquent des événements inattendus.

Ensuite on les interprète, selon les explications des chapitres II et III, d'un tas à l'autre. Après quoi on bat ces seize cartes une seconde fois et on les dispose en rang. Ici il est très important de voir comment se suivront les cartes après celle qui représente la personne concernée: il faudra ensuite interpréter cette disposition.

VII

RÈGLES DU TIRAGE
DES CARTES
DES GITANES

Les gitanes donnent en général la même signification aux cartes et à leurs rangs, comme nous l'avons montré aux chapitres II et III, quoique dans certains cas on constate de légers changements.

Chez elles, certaines cartes de carreau ont une signification néfaste et négative, et certaines cartes de trèfle ont au contraire une bonne signification.

Ci-après, je vous donne la règle du tirage des cartes chez les gitanes.

1) Les huit cartes de coeur

Roi —

Homme aux cheveux blonds, défenseur, père, ami ou mari.

Dame —

Jeune fille blonde, dame ou épouse.

Valet —

Jeune homme blond, aimable et bien élevé, ou amant.

As —

Mariage, célébration, fête, cadeaux et joie.

Dix —

Amélioration et augmentation de vos biens (richesse).

Neuf —

Surprise agréable, demande en mariage et succès en amour.

Huit —

Jalousie de la part du mari.

Sept —

Jalousie de la part de l'épouse.

2) Les huit cartes de carreau

Roi —

Homme aux cheveux blonds, dangereux ou ennemi.

Dame —

La chambre d'une femme blonde et tromperie.

Valet —

Jeune homme blond et débauché ou soldat.

As —

Lettres de bonnes nouvelles.

Dix —

Bonnes affaires ou bons achats.

Neuf —

Réussite dans la réalisation de vos projets difficiles.

Huit —

Gains abondants.

Sept —

Des gains aussi, mais pas aussi importants.

3) Les huit cartes de trèfle

Roi —

Bon ami aux cheveux noirs.

Dame —

Femme aux cheveux noirs, pleine de bonnes intentions.

Valet —

Amant douteux.

As —

Bonnes affaires dans le commerce.

Dix —

Joie et voyage.

Neuf —

Un long voyage.

Huit —

Démarches utiles de votre ami.

Sept —

Petit cadeau.

4) Les huit cartes de pique

Roi —

Homme aux cheveux noirs, méchant, mauvais, un véritable exécuteur.

Dame —

Vieille et méchante commère, veuve ou vieille fille.

Valet —

Jeune homme rusé, parasite.

As —

Déception et dispute.

Dix —

Dangereux ennemi.

Neuf —

Beaucoup d'obstacles.

Huit —

Larmes.

Sept —

Femme dangereuse.

Tirage des cartes

Il faut battre les 32 cartes. La personne pour qui on tire les cartes en prend seize sans les regarder. On bat ensuite les seize cartes choisies, puis on les dispose en quatre tas, dans l'ordre indiqué plus haut.

Le premier tas concerne le bonheur de cette personne.

Le deuxième tas concerne le succès de ses entreprises ou de ses affaires.

Le troisième tas concerne les événements futurs.

Le quatrième tas concerne l'avenir lointain.

C'est ainsi que les cartes des quatre tas se retrouvent dans l'ordre voulu. On les explique alors une par une.

VIII
MÉTHODE
FRANÇAISE
POUR TIRER
LES CARTES

Pour ce système, on emploie également un jeu de trente-deux cartes, dont voici la signification:

1) Les huit cartes de coeur

Roi —
Homme ferme, riche, bienveillant et bon pour vous.

Dame —
Femme amoureuse, en qui on peut avoir confiance.

Valet —
Jeune homme honorable et aimable duquel on peut s'attendre à un bon service.

As —
Représente la personne pour qui on tire les cartes.

Dix —
Bons amis, amour et cadeaux.

Neuf —
Victoire pour les cartes qui se trouvent à côté.

Huit —
Bonne entente, divertissement et mariage.

Sept —
Femme qui a de bonnes intentions.

2) Les huit cartes de carreau

Roi —

Homme fier qui n'apporte rien de bon.

Dame —

Femme jalouse qui provoque une déception.

Valet —

Jeune homme qui n'apprécie pas tout le bien qu'on lui fait.

Ces trois cartes (roi, dame et valet) ne peuvent être chargées d'aucune signification néfaste si elles sont suivies de cartes de cœur.

As —

Lettre prochaine qui apportera de bonnes nouvelles.

Dix —

Long voyage sur mer. Les cartes qui se trouvent aux alentours nous montrent comment il se terminera. Si le neuf ou le dix de cœur suivent, le voyage sera heureux.

Si le dix de pique suit, votre voyage comporte des dangers qui deviennent plus menaçants si la carte est suivie d'autres cartes de pique.

Si le neuf ou le dix de pique suivent, c'est signe qu'il faut mettre tout en ordre avant de partir en voyage.

Neuf —

Nouvelles d'un ami lointain ou de la parenté.

Huit —

Petits voyages.

Sept —

Réalisation de vos rêves et espoirs.

3) Les huit cartes de trèfle

Roi —

Ami ou employé fidèle.

Dame —

Voisine bavarde, méfiez-vous-en.

Valet —

Amant assidu, qui se montrera bientôt.

As —

Maladie ou inquiétudes qui éclairent la signification des cartes se trouvant à côté.

Dix —

Apporte de l'argent, de bonnes affaires et un petit héritage.

Neuf —

Cadeau suivi d'une déception.

Huit —

Réussite dans les affaires, aisance dont bénéficient les enfants.

Sept —

Méchanceté et disputes à la suite de propos malveillants de vos voisines.

4) Les huit cartes de pique

Roi —

Ennemi hypocrite qui se montre bon ami, mais fait du tort autant qu'il y a de piques qui suivent.

Dame —

Elle a le même caractère hypocrite et essaie de brouiller un couple marié.

Valet —

Dans vos moments difficiles vous serez abandonné par un ami ou un de vos proches.

As —

Surtout s'il suit la carte d'une figure de femme enceinte.

Dix —

Tristesse ou malheur soudain.

Neuf —

Inquiétude surtout s'il se trouve près d'une figure de femme.

Huit —

Grèves, mésententes et procès. Si cette carte se trouve à côté de carreaux tout va se terminer à votre désavantage.

Sept —

Une femme voleuse.

Tirage des cartes

On prend un jeu de trente-deux cartes, on le bat.

De ce jeu, la personne pour laquelle on tire les cartes sort vingt cartes. On bat encore une fois le jeu et on met la première carte au milieu, la deuxième en haut de la précédente, la troisième en bas, la quatrième à droite, la cinquième à gauche, la sixième, en haut, la septième en bas, la huitième à droite, la neuvième à gauche, etc.

On continue jusqu'au moment où les vingt cartes sont placées, formant une croix.

Les cartes d'en haut (en commençant par le milieu) montrent l'avenir immédiat.

Celles d'en bas: le passé.

Les cartes de droite montrent l'avenir lointain et celles de gauche montrent les événements inattendus.

En comparant les différentes méthodes de divination, on voit que celles qui ont été exposées dans les chapitres III et IV sont plus complètes et plus claires que celles des gitans ou des Français.

IX

MÉTHODE POUR
TIRER LES CARTES
PRATIQUÉE EN
EUROPE DE L'EST

On prend un jeu de trente-deux cartes, on le bat, comme dans les autres pays. Puis, on demande à la personne qui se fait tirer les cartes de couper deux fois, de la main gauche et vers elle-même. En coupant deux fois, on obtiendra trois tas de cartes.

Le premier tas est alors posé sur le dernier, puis les deux ensemble sur le deuxième.

Ensuite on étale toutes les cartes en quatre rangées de huit cartes, puis en les prenant une par une en partant d'en haut dans chaque rangée, on interprète leur signification:

1) Les huit cartes de coeur

As —

Une bonne et belle vie, ou une grande et belle maison.

Roi —

Homme obligeant et bon ami.

Dame —

Femme bien-aimée, une parente proche, ou une femme montrant de la sympathie.

Valet —

Inquiétude.

Dix —

Mariage, pour les célibataires. Pour les personnes mariées, mariage de leurs enfants.

Neuf —

Faveur.

Huit —

Signifie une bonne chose.

Sept —

Bon caractère.

2) Les huit cartes de carreau

As —

Grand bonheur.

Roi —

Jeune homme riche.

Dame —

Jeune femme riche.

Valet

Cadeau ou héritage.

Dix —

Lettre ou argent.

Neuf —

Grands agréments dans la vie.

Huit —

Beaucoup d'argent.

Sept —

Une petite somme d'argent.

3) Les huit cartes de trèfle

As —

Peur ou tristesse. Mais si le cœur ou le carreau se trouvent à côté, cela signifie que la peur ou la tristesse se transformeront en joie.

Roi —

Vieil homme ou veuf.

Dame —

Femme méchante, méfiez-vous-en.

Valet —

Jeune homme triste.

Dix —

Lettre avec de mauvaises nouvelles.

Neuf —

Forfait et vengeance.

Huit —

Inquiétude.

Sept —

—Larmes.

4) Les huit cartes de pique

As —

Représente une maison d'Etat, salle de mariage ou de réception.

Roi —

Jeune homme.

Dame —

Jeune femme. Ces deux cartes se trouvant l'une à côté de l'autre, elles représentent les gens mariés; si elles sont séparées, elles représentent les célibataires.

Valet —

Fonctionnaire ou domestique.

Dix —

Lettre prochaine.

Neuf —

Voyage lointain.

Huit —

Voyage court.

Sept —

S'il se trouve près d'une figure de femme: enfant illégitime.

Pour un homme, il signifie la responsabilité d'un enfant illégitime.

X

MÉTHODE FRANÇAISE POUR TIRER LES CARTES AVEC UN JEU DE 52 CARTES

Pour ce système on emploie un jeu de 52 cartes. On le bat et on le fait couper de la main gauche. Il faut faire deux paquets de 26 cartes, puis en faire choisir un par celui qui se fait tirer les cartes.

Ensuite on lui fait tirer, au hasard, deux cartes du jeu qu'il a laissé et on les incorpore au paquet qu'il a choisi.

On bat de nouveau, on lui demande de couper, et on fait quatre paquets de sept cartes, qui représentent le consultant, la maison, l'événement et la surprise.

1) Les treize cartes de coeur

ROI

(debout) — Homme aux cheveux blonds. Le consultant est très intelligent et de bon coeur. Il faut qu'il se débarrasse

ROI

(à l'envers) — d'amis hypocrites pour être heureux.

Il lui faut se débarrasser d'un mauvais ami qui peut lui causer du mal. S'il est en affaires, il peut perdre de l'argent, mais il va le reprendre plus tard.

DAME

(debout) — Femme aux cheveux blonds. Le consultant apprendra de bonnes nouvelles par une personne.

DAME

(à l'envers) — Si le consultant est célibataire, on lui mentira à propos de sa bien-aimée; s'il est marié, il aura des disputes d'amour à cause d'une femme.

VALET

(debout) — Jeune homme aux cheveux blonds. La consultante épousera un homme blond qui jouira d'une situation excellente. Le consultant réussira dans ses projets.

VALET

(à l'envers) — Echecs. La consultante va rompre son mariage. Le consultant échouera dans ses plans.

AS

(debout) — Gaieté. Bonnes nouvelles. Ne dépensez pas trop d'argent.

AS

(à l'envers) — Changement. Le consultant change trop souvent d'idée pour réussir vraiment.

DIX

(debout) — Réussite. La consultante aura beaucoup d'amis. Le consultant épousera une femme idéale.

DIX

(à l'envers) — Colère. La consultante et le consultant auront beaucoup d'ennuis, de disputes et d'inconvénients.

NEUF

(debout) — Triomphe. En travaillant fort on obtiendra de l'augmentation et une meilleure position.

NEUF

(à l'envers) — Loyauté. Se méfier de la paresse et de la malpropreté.

HUIT

(debout) — Fille blonde. La consultante sera une très bonne maîtresse de maison, pleine de bonnes idées. Le consultant devra garder son sang-froid.

HUIT

(à l'envers) — Satisfaction. Réussite et bonnes nouvelles.

SEPT

(debout) — Jugement. Il faut s'efforcer d'être sincère.

SEPT

(à l'envers) — Echecs. La consultante ne réussira pas dans son mariage. Le consultant perdra sa situation par sa propre faute.

SIX

(debout) — Le passé. Ne pas répéter les mêmes erreurs que dans le passé.

SIX
(à l'envers) — L'avenir. Mariage heureux et bonne santé.

CINQ
(debout) — Héritage. La consultante fera un mariage riche et heureux. Le consultant réussira avec succès dans ses affaires. Tous les deux hériteront dans l'avenir.

CINQ
(à l'envers) — Famille. Irréflexion de la part de vos proches.

QUATRE
(debout) — Ennui. Grands ennuis dont on ne pourra pas se débarrasser.

QUATRE
(à l'envers) — Nouvelles amitiés. Se méfier d'amis nouveaux qui vous causeront des ennuis plus tard.

TROIS
(debout) — Succès. On réussira dans tous les domaines.

TROIS
(à l'envers) — Intérêt. Chance et rentrée d'argent.

DEUX
(debout) — Amour. Mariage, réussite et fortune.

DEUX
(à l'envers) — Désir. Chance.

2) Les treize cartes de carreau

ROI
(debout) — Homme sincère. La consultante aura un mariage heureux. Pour les deux, héritage et bonne situation.

ROI
(à l'envers) — Homme juste. Même chose.

DAME
(debout) — Femme sincère. La consultante aura un mariage heureux et beaucoup d'enfants. Le consultant aura de bonnes récoltes, et réussira bien dans la vie.

DAME
(à l'envers) — Femme aimable. Le pouvoir qui manque conduira à l'échec.

VALET
(debout) — Facteur. Bonnes nouvelles. Bonne chance et fortune. Réussite dans les affaires. Mariage heureux.

VALET
(à l'envers) — F a c t e u r. Mauvaises nouvelles. Echecs, mariage mauvais.

AS
(debout) — Malchance. Maladie, accident, incendie, ruine.

AS
(à l'envers) — Naissance. Beaucoup d'enfants qui procureront le bonheur.

DIX
(debout) — Confiance. Ayant la confiance, il obtiendra la réussite dans tout.

DIX
(à l'envers) — Trahison. Un mauvais entourage peut vous faire du mal.

NEUF
(debout) — Harmonie. Bonne entente avec la parenté.

NEUF
(à l'envers) — Difficultés. Il y aura de nombreux obstacles dans vos entreprises.

HUIT
(debout) — Intelligence. Il faut organiser sa vie intelligemment pour réussir.

HUIT
(à l'envers) — Disputes. Mauvaise entente avec la
SEPT   parenté. Et toutes sortes d'ennemis.
(debout) — Discussions. Mariage pour la con-
sultante. Vieillesse heureuse. Pru-
SEPT   dence.
(à l'envers) — Hésitation. Eviter l'hésitation pour
réussir.
SIX
(debout) — Apathie. C'est très dangereux d'être
apathique.
SIX
(à l'envers) — Infidélité. Il faut éviter d'être trop
franc.
Faire attention à ceux que l'on fré-
CINQ   quente.
(debout) — Richesse. Pour la consultante, un
mariage riche mais pas nécessaire-
ment heureux. Prospérité et réus-
CINQ   site.
(à l'envers) — Procès. Ne pas dépenser trop d'argent. Faire attention de ne pas tom-
QUATRE   ber entre les mains de la justice.
(debout) — Rencontres. Vie facile et heureuse.
Beaucoup d'amis.
QUATRE
(à l'envers) — Richesse. Avenir heureux.
TROIS
— Occupations. Travailler pour réus-
(debout)   sir.
TROIS
(à l'envers) — Bonheur. Toutes les difficultés vont
prendre fin.

DEUX
(debout)   — Jalousie. Se méfier des mauvaises
DEUX   langues.
(à l'envers) — Surprise. De très bonnes nouvelles
              apporteront une amélioration dans
              la vie.

3) Les treize cartes de trèfle

ROI   — Homme bon. Chance, aide, amitié.
(debout)
ROI   — Homme dangereux. La consultante
(à l'envers)   sera trompée par un homme aux che-
               veux noirs. Il faut se méfier d'un
               homme aux cheveux noirs en qui on
               a confiance.
DAME
(debout)   — Femme intelligente. Un grand servi-
               ce sera rendu par une femme aux
               cheveux noirs. Le consultant va ma-
               rier une veuve et ils formeront un
DAME   très bon couple.
(à l'envers) — Femme méchante. Méfiez-vous d'u-
VALET   ne femme aux cheveux noirs.
(debout)   — Honnêteté. De bons amis aideront à
               réussir dans la vie. Mariage heu-
VALET   reux.
(à l'envers) — Gaspillage. Ne pas trop dépenser,
               mais économiser pour ses vieux
AS   jours.
(debout)   — Satisfaction. Argent, succès, santé,
               longue vie.

AS

  (à l'envers) — Fortune. L'héritage aidera à réussir dans la vie.

DIX

  (debout) — Maison. Réussite et ordre dans la maison.

DIX

  (à l'envers) — Amusement. Eviter les jeux de hasard.

NEUF

  (debout) — Profits. Réussite dans les affaires. Gros gains.

NEUF

  (à l'envers) — Tromperie. Faire attention à un piège.

HUIT

  (debout) — Jeune femme. Mariage heureux avec une femme aux cheveux noirs.

HUIT

  (à l'envers) — Egoïsme. La consultante devra éviter de chercher un mari riche, car elle sera déçue. La jalousie n'amènera rien de bon. Le consultant perdra sa femme par un divorce, ou il s'occupe trop de son argent et pas assez de sa femme.

SEPT

  (debout) — Argent. Héritage en vue. Bons gains dans les affaires.

SEPT

  (à l'envers) — Ennuis. Beaucoup d'inconvénients causés par des concurrents.

SIX

  (debout) — Le présent. Il faudra s'occuper un peu plus du présent que de l'avenir. Il ne faut pas négliger la famille.

SIX
  (à l'envers) — Malchance. L'argent perdra le bonheur, et le mariage.

CINQ
  (debout) — Amour. Mariage heureux. Bonne entente avec le conjoint.

CINQ
  (à l'envers) — Rupture. Trahison, divorce, séparation, tromperie.

QUATRE
  (debout) — Satisfaction. Réussite, bonnes nouvelles, cadeaux.

QUATRE
  (à l'envers) — Obstacles. Beaucoup d'obstacles au cours de la vie; mais tout se terminera bien. Bonne santé.

TROIS
  (debout) — Gaieté. Bonnes nouvelles. Mariage heureux. Belle situation.

TROIS
  (à l'envers) — Bonheur. Les enfants apporteront le bonheur dans la maison. Il y aura une personne qui aidera votre entreprise.

DEUX
  (debout) — Inquiétude. Difficultés dans vos affaires.

DEUX
  (à l'envers) — Désastre. Perte de la maison. Mauvaises nouvelles. Perte d'argent.

4) Les treize cartes de pique

ROI
  (debout) — Homme de loi. Gare aux hommes de loi.

ROI

(à l'envers) — Homme mauvais. Pour la consultante, mariage malheureux qui mènera au divorce. Pour le consultant, beaucoup d'ennuis.

DAME

(debout) — Femme veuve. Une amie veuve se remariera prochainement.

DAME

(à l'envers) — Femme mauvaise. La consultante devrait réfléchir avant de se marier, car son mariage ne sera pas heureux à cause de la belle-mère. Le consultant devrait réfléchir aussi avant de se marier à cause de la belle-mère qu'il aura.

VALET

(debout) — Hypocrisie. Méfiez-vous des amies qui semblent très bonnes en votre présence, mais qui parlent de vous derrière votre dos.

VALET

(à l'envers) — Surprise. Bien réfléchir avant de faire des démarches importantes.

AS

(debout) — Succès. Mariage très heureux. Réussite à tous points de vue.

AS

(à l'envers) — Fertilité. L'arrivée d'un nouveau-né.

DIX

(debout) — Chagrins. Blessures, mariage malheureux, divorce ou séparation.

DIX

(à l'envers) — Réussite. Soyez bon envers votre prochain pour réussir dans la vie.

NEUF
(debout) — Religion. La consultante se mariera avec un militaire. Le consultant reviendra à l'église.

NEUF
(à l'envers) — Crainte. On sera trompé par son meilleur ami.

HUIT
(debout) — Malveillance. L'envie peut faire perdre les meilleurs amis.

HUIT
(à l'envers) — Malheur. Une personne empêchera votre réussite.

SEPT
(debout) — Accomplissement. Mariage heureux. Réussite dans la vie.

SEPT
(à l'envers) — Bons conseils. Suivre les conseils des parents pour réussir.

SIX
(debout) — Voyage. Un voyage s'annonce qui apportera du profit pour vos affaires. Bonne chance et longue vie.

SIX
(à l'envers) — Echec. Maladie grave. Mort d'un proche.

CINQ
(debout) — Perte. Il faudra se méfier de ce qu'on achète. La consultante perdra son mari dans un accident de voyage. Si elle n'est pas mariée, elle perdra son ami.

CINQ
(à l'envers) — Tristesse. Prendre grand soin de sa santé. Eviter les efforts.

QUATRE
(debout) — Chagrins. Séparation. Dépression, chagrins d'amour.

QUATRE
(à l'envers) — Bon ordre. Grâce à la propreté et la bonne organisation du travail, réussite certaine.

TROIS
(debout) — Mésententes. Perte de situation. Disputes dans la famille. Différents points de vue entre amoureux.

TROIS
(à l'envers) — Bêtise. Perte d'une bonne affaire à cause d'une femme qui a donné de mauvais conseils.

DEUX
(debout) — Relations. Nouvelles connaissances qui seront utiles. Réussite. Cadeaux.

DEUX
(à l'envers) — Trahison. Intrigues, calomnies, mauvaises langues.

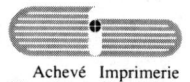

Achevé   Imprimerie
d'imprimer Gagné Ltée
au Canada Louiseville